CHIARA LUBICH
FAMILIE UND LIEBE

Chiara Lubich

Familie und Liebe

Reden an Familien

VERLAG NEUE STADT
MÜNCHEN · ZÜRICH · WIEN

Aus der *Schriftenreihe der Fokolar-Bewegung*

Titel der italienischen Originalausgabe:
Una famiglia per rinnovare la società

Übersetzung ins Deutsche: Dietlinde Assmus / Stefan Liesenfeld

Die Deutsche Bibliothek - CIP-Einheitsaufnahme

Lubich, Chiara:

Familie und Liebe : Reden an Familien / Chiara Lubich.
[Übers. ins Dt.: Dietlinde Assmus ; Stefan Liesenfeld]. - 1. Aufl. -
München ; Zürich ; Wien : Verl. Neue Stadt, 1993
(Schriftenreihe der Fokolar-Bewegung)
Einheitssacht.: Una famiglia per rinnovare la società <dt.>
ISBN 3-87996-305-3

1993, 1. Auflage

Satz: Neue-Stadt-Graphik
Druck: MZ-Verlagsdruckerei GmbH, Memmingen
ISBN 3-87996-305-3

VORWORT

In diesem Band werden erstmals Reden zusammengestellt, die Chiara Lubich in den Jahren 1981 bis 1989 vorwiegend vor Familien gehalten hat. Der von ihr gegründeten Fokolar-Bewegung gehörten von Anfang an auch Verheiratete an. Die Erkenntnis, daß die Botschaft Jesu alle Aspekte des Lebens betrifft, die Betonung der gegenseitigen Liebe als Kernpunkt christlichen Lebens, der Wunsch, zur Einheit unter den Menschen beizutragen - dies alles war zugeschnitten auf Menschen mitten in der Welt, auf Laien, auf Familien.

Als Initiatorin der Bewegung „Neue Familien" nahm Chiara Lubich wiederholt zu Themen Stellung, die die Familie betreffen. Ihre Perspektive ist nicht eine soziologische oder pädagogische, sondern von der Frage bestimmt, „wie Gott die Familie sieht". Die stets an ihre geistliche Erfahrung rückgebundenen Reflexionen und Impulse sind im Leben vieler Familien überaus fruchtbar geworden.

Vorangestellt ist den Reden ein Interview, das die britische Journalistin Margaret Coen im Dezember 1990 mit Chiara Lubich führte. Auf lebendige und prägnante Weise vermittelt das Gespräch einen Einblick in die Geschichte der Fokolar-Bewegung und das Leben ihrer Gründerin. Die Einführung des Aachener Bischofs Klaus Hemmerle zu dem grundsätzlichen Vortrag „Familie und Liebe" verdeutlicht Grundlinien, die für alle hier publizierten Reden Chiara Lubichs bezeichnend sind.

Im Anhang geben Annamaria und Danilo Zanzucchi, Verantwortliche der Neuen Familien und Mitglieder des Päpstlichen Rates für die Familie, eine Übersicht über Hintergrund, Entwicklung und Initiativen dieser Bewegung, die heute weltweit 200.000 Mitglieder zählt.

„Wir haben uns selbst nie ein Programm gesetzt“
Chiara Lubich im Gespräch mit Margaret Coen

COEN: Wie ist die Fokolar-Bewegung entstanden?

LUBICH: Es begann 1943 in Trient. Damals war Krieg. Trient wurde besonders stark und häufig bombardiert. Wir waren eine Gruppe von Mädchen zwischen 15 und 23 Jahren und erlebten ganz unmittelbar die totale Zerstörung. Wir hatten bestimmte Lebensziele vor Augen, hatten unsere Ideale. Eine meiner Freundinnen träumte von einer schönen Familie, aber ihr Verlobter kehrte nicht aus dem Krieg zurück. Eine andere hatte ein Haus, das sie einmal geschmackvoll einrichten wollte, doch das Haus wurde von den Bomben zerstört. Mein Ideal war das Studium. Die Philosophie hatte es mir besonders angetan. Ich studierte an der Universität von Venedig. Doch wegen der Kriegswirren konnte ich nicht weiterstudieren. All das beschäftigte uns. Der äußere Zusammenbruch und das, was in uns vorging, machten uns deutlich: Unser Leben braucht einen greifbaren, bleibenden Sinn. Wir wollten ein Ideal, das nicht von Bomben zerstört werden konnte. Wir fragten uns: „Gibt es ein Lebensideal, das nicht vergänglich ist und für das es sich lohnt, das ganze Leben einzusetzen?“ Angesichts der Vergänglichkeit von allem, aber besonders aufgrund eines starken inneren Drängens, sagte ich zu meinen Freundinnen: „Es gibt ein Ideal, das nicht vergeht: Gott. Er soll das Ideal unseres Lebens werden!“

Meine Freundinnen ließen sich voll Freude darauf ein, und wir begannen unser Leben danach auszurichten. Wir fragten uns natürlich: „Was müssen wir tun, damit Gott unser Ideal wird?“. Im Evangelium lasen wir: „Nicht jeder, der zu mir sagt: Herr! Herr!, wird in das Himmelreich kommen, sondern nur, wer den Willen meines Vaters im Himmel erfüllt“ (Mt 7,21). Es ging also nicht um Gefühle, nicht um allerlei fromme Übungen; es kam darauf an, den Willen Gottes zu tun. Mit großem Eifer machten wir uns sofort daran, dies zu verwirklichen.

Wegen der Bombenangriffe waren wir ständig in Lebensgefahr. Von einem Moment auf den andern konnten wir umkommen. Darum fragten wir uns: Gibt es etwas, was Gott besonders gefällt? Wenn wir vor ihn hintreten sollten, wollten wir wenigstens die letzten Augenblicke unseres Lebens diesem Willen entsprechend gelebt haben.

Da ging uns die Bedeutung des Gebotes auf, das Jesus als „sein Gebot" und als „neues Gebot" bezeichnet: „Liebt einander! Wie ich euch geliebt habe, so sollt auch ihr einander lieben" (Joh 13,34). Und weiter: „Es gibt keine größere Liebe, als wenn einer sein Leben für seine Freunde hingibt" (Joh 15,13). So versprachen wir einander: „Ich bin bereit, für dich zu sterben." Jede war entschlossen, für jede andere das Leben zu geben. Natürlich wurde nicht jeden Augenblick der Einsatz unseres Lebens verlangt; aber verlangt wurde beispielsweise, einen Mantel zu verschenken, wenn man zwei besaß, Freude, Schmerz oder Ungewißheit mit jemandem zu teilen. Wir bemühten uns also darum, dieses gegenseitige Versprechen einzulösen. Es hatte starke Auswirkungen in unserem geistlichen Leben, und wir sahen darin den Grundstein der entstehenden Bewegung.

Wie sah Ihr Leben in dieser ersten Zeit aus?

Unsere Eltern waren in die Berge geflüchtet. Wir wohnten damals in einer kleinen Wohnung. Ich kümmerte mich um den Haushalt und studierte Philosophie. Die anderen gingen ihrer Arbeit nach, soweit das überhaupt möglich war. Keine von uns dachte im geringsten daran, daß etwas Neues entstehen sollte. Wir mußten sogar nachts die Luftschutzkeller aufsuchen. In der Eile konnten wir nichts mitnehmen. Was wir aber immer dabei hatten, war ein kleines Buch: das Evangelium. Es schien mir das einzige Gut, das bei den Bombardements nicht zerstört werden durfte. Während der langen Aufenthalte in den Luftschutzkellern schlugen wir das Buch auf und begannen bei spärlichem Kerzenlicht darin zu lesen. Es war eigenartig: Die Worte des Evangeliums, die wir schon so oft gehört hatten, erschienen uns plötzlich vollkommen neu (im nachhinein wundert es einen nicht, denn heute können wir sagen, daß damals ein Charisma entstanden ist): „Du sollst deinen Nächsten lieben wie dich selbst" (Mt 12,31), „Was ihr für einen meiner geringsten Brüder getan habt, das habt ihr mir getan" (Mt 25,40), „Alles, was ihr von den anderen erwartet, das tut auch ihnen!" (Mt 7,12) usw. Wir hatten den Eindruck, als hätten wir diese Sätze in ihrer Tragweite und Tiefe nie zuvor begriffen. Nie hatte ich den Nächsten wirklich *wie mich selbst* geliebt ... - Wir fingen an, diese Worte so entschieden in die

Tat umzusetzen, wie wir sie verstanden hatten. Um uns herrschte große Not: Draußen vor dem Bunker starb jemand, drinnen weinten die Menschen, es gab Schwerverletzte, Hungernde, Kranke, hilflose Mütter mit ihren Kinder. Nach Kräften versuchten wir allen zu helfen. So lebten wir wenigstens ein Wort des Evangeliums. Am nächsten Tag lebten wir dann ein anderes, am übernächsten wieder ein anderes und so weiter.

Wie haben die Leute darauf reagiert?

Unser Verhalten beeindruckte die Leute: Wir nahmen oft Notleidende mit nach Hause und luden sie ein, an unserem Tisch Platz zu nehmen. So saß neben jeder von uns ein Armer. In einer Situation, in der alle gleichermaßen von den schrecklichen Folgen des Krieges betroffen waren, erregte das Verwunderung. Die Leute fragten uns: „Was ist mit euch los? Was habt ihr für ein Geheimnis? Warum seid ihr glücklich mitten in diesem Elend?“ Dann erzählten wir ihnen von unserer Entdeckung: „Gott vergeht nicht. Für ihn haben wir uns entschieden. Wir wollen deshalb nach seinem Wort leben.“ Viele schlossen sich uns an, aufgrund dessen, was sie sahen und hörten. Nach zwei Monaten waren wir schon 500 Menschen, die einen Weg eingeschlagen hatten, der damals noch nicht klar umrissen war. Aber immer deutlicher zeichnete sich ab, daß er vom Evangelium geprägt war.

Gab es in dieser Zeit ein Schlüsselerlebnis?

Alles war bedeutsam und hat spätere Entwicklungen nach sich gezogen. Doch ein Erlebnis war besonders wichtig. Wieder einmal waren wir im Luftschutzkeller. Bei Kerzenlicht schlugen wir wie gewohnt das Evangelium auf, unser kostbarstes Gut, - und zwar genau an der Stelle des Johannesevangeliums, die als „Testament Jesu“ bezeichnet wird. Er spricht dort über die Einheit. Es ist eigentlich ein schwieriger Text; Jesus richtet sich in einem langen, zu Herzen gehenden Gebet an den Vater und spricht von der Beziehung in der Dreifaltigkeit. Er bittet den Vater, daß die Menschen zu einer ähnlichen Beziehung finden wie der zwischen ihm und dem Vater. Er spricht von der Herrlichkeit, der *claritas*[1]. Alles überaus schwierige Aussagen, zumal für uns junge Mädchen. Und doch glaubten wir, etwas davon zu erfassen. Vor allem aber bahnte sich in uns eine Gewißheit an, als ob Gott uns sagen wollte: Dafür seid ihr geboren, um in der Welt diese Einheit zu verwirklichen.

War Einheit damals ein geläufiger Begriff?

Er war etwas ganz Neues. Wenn andere ihn gebrauchten, etwa im atheistischen Kommunismus, der damals an Boden gewann, meinten sie etwas völlig anderes. Und daran nahmen wir Anstoß. Im kirchlichen Bereich war die Enzyklika „Mystici corporis" von Pius XII. erschienen.[2] Doch das Wort „Einheit" war in den katholischen Kreisen, in denen wir uns bewegten (wir waren alle katholisch), völlig ungebräuchlich. Man sprach nie von Einheit. Das änderte sich erst mit dem Konzil. Für uns war das zunächst ein eigenartiges Gefühl: Wie sich das zusammenfügt! dachten wir. Wir fühlten uns gerufen, gerade die Einheit zu verwirklichen, unter allen und mit der Hilfe aller.

Einheit ist ein faszinierendes Wort. Wie habt ihr versucht, diese Einheit zu leben?

Wir haben einen Zugang zum Leben der Einheit gefunden, einen „Schlüssel". Wir haben uns ja nie selbst ein Programm gesetzt; es wurde uns gegeben. Gott greift mit kleinen Ereignissen ein, die ihre Bedeutung haben.

Eines Tages haben wir uns untereinander gefragt: Wo hat Jesus, der in seinem Leben so viel Leid erfahren hat, wohl am meisten gelitten? Im Ölgarten, wo ihn die Angst befiel? Oder als er gegeißelt und verhöhnt wurde? Oder bei der Kreuzigung? Wir sind zu dieser Antwort gelangt: Am meisten hat Jesus gelitten, als er am Kreuz schrie: „Mein Gott, mein Gott, warum hast du mich verlassen?" (Mk 15,34). Dieser Ausruf mag absurd erscheinen, denn wie kann Jesus, der selber Gott ist, sagen: „Mein Gott, mein Gott, warum hast du mich verlassen?"

Beladen mit all unseren Schwächen und Sünden, erfuhr er die Trennung vom Vater, die Trennung, die zwischen uns und dem Vater und infolgedessen auch unter uns bestand. - Als uns das klar wurde, schauten wir uns an und sagten: „Wir haben nur ein Leben. Dieses eine wollen wir gut nützen. Wenn wir Christus folgen wollen, müssen wir ihm in diesem Schrei folgen."

Das war und ist der Schlüssel zur Einheit. Wenn beispielsweise die Einheit unter uns ins Schwanken geriet, weil jemand ein wenig ungeduldig war, weil ein Hauch von einem Urteil da war, kurz: wenn aufgrund unserer menschlichen Begrenztheit die Atmosphäre des Göttlichen unter uns schwand, erinnerten wir uns an den Schrei des Verlassenen. Wir verspürten etwas von seiner Verlassenheit in uns und sagten: „Gerade dafür habe ich mich entschieden; ich habe mich für Jesus in seiner Verlassenheit entschieden. Diesen Schmerz nehme ich an, und ich bemühe mich, die Einheit unter uns wiederherzustellen."

Dieser Gedanke der Einheit verbreitete sich immer mehr. Nach und nach wurde uns klar, daß wir sie nicht nur unter uns verwirklichen mußten, sondern im ganzen kirchlichen Bereich, beispielsweise unter den Bewegungen und Verbänden, und in der Gesellschaft. Auch dorthin wollen wir die Einheit bringen. Jesus der Verlassene ist der Schlüssel dazu. Später sollte er entscheidend sein für die verschiedenen Dialoge mit Christen verschiedener Kirchen, mit Gläubigen anderer Religionen und auch mit Nichtglaubenden.

Was hat die Bewegung jemandem zu sagen, der nicht glaubt?

Ich wäre vorsichtig mit der Aussage: Jemand glaubt nicht. Alle glauben an etwas. Wer nicht Gott als Bezugspunkt hat, hat etwas anderes, ein anderes Ideal, als Bezugspunkt: die Kunst, die Kultur, das soziale Engagement oder irgend etwas anderes. Heute finden wir besonders großes Interesse für unseren Lebensstil in jenen Ländern, die in den vergangenen Jahrzehnten vom Atheismus beherrscht waren.

Vor kurzem trat GENROSSO, eine unserer Musikgruppen, in Rußland auf. Sie hat dort eine tiefe Sehnsucht nach echter Einheit vorgefunden: Nicht nur einzelne, sondern ganze Gruppen haben sich für ihre Botschaft geöffnet, die etwas in ihnen angesprochen hat, das sie vielleicht nicht einmal in Worte fassen können, eine verborgene Hoffnung, die nach wie vor in ihnen lebendig ist. Früher hatten die Menschen dort ein Ideal. Von dem Drittel der Menschheit, das dieser Idee folgte, sind nur wenige übrig geblieben. Ihre Idee einer weltweiten Einheit war eine gute Sache, aber sie war mit vielem durchsetzt, was nicht hinzunehmen ist: Gewalt, Klassenkampf ... Ihre Ideale waren an und für sich gut, und es gilt sie zu erhalten. - Diese Ideale finden die Menschen nun in unserer großen Bewegung wieder, die ja inzwischen in der ganzen Welt verbreitet ist. Sie sagen: „Im Grunde lag ich mit meinem Ideal doch nicht ganz falsch. Hier kann ich anknüpfen." Sie finden also einen Anknüpfungspunkt über eine Ideologie, die sie sich einmal zu eigen gemacht hatten - genauso andere entsprechend *ihren* Idealen; wer zum Beispiel die Kunst liebt, kann entdecken, daß Gott die Schönheit ist.

Die Bewegung hat mit Laien begonnen. Jetzt gehören Priester, Bischöfe und Ordensleute dazu. Wie wird die Bewegung ihren Laiencharakter beibehalten?

Von ihrer Natur her ist sie eine Laienbewegung. Sie ist durch Laien entstanden - durch eine Frau, und auch die Gesamtleitung liegt in den Händen einer Frau -, und die meisten Verantwortlichen sind Laien. Weil es aber um die Verwirklichung eines Ideals geht, das im Evangelium gründet, und weil das Evangelium für alle ist, deshalb interessiert dieses Leben natürlich auch Priester und Ordensleute. Diese entdecken womöglich, daß dieselben Worte des Evangeliums, die wir unterstreichen, auch von ihren jeweiligen Gründern hervorgehoben wurden. So fühlen wir uns alle als eine Familie in einem einzigen Geist, dem Geist des Evangeliums.

Sie stehen an der Spitze einer Bewegung von Männern und Frauen. Wie haben Sie als Frau eine Bewegung anstoßen können, in der sich Männer und Frauen gleichermaßen verwirklicht fühlen und die in Kirche und Gesellschaft so aktiv ist?

Eigentlich habe ich mich nie dabei aufgehalten, daß ich eine Frau bin. Ich bin Christin und muß entsprechend leben ... - nein, es ist kein Muß, ich habe Freude daran, so zu leben.

Als ich den Papst gefragt habe, ob auch in Zukunft eine Frau Präsidentin der Bewegung sein könnte - das erscheint uns wichtig, weil die Bewegung ja auch so entstanden ist -, begrüßte er das. Denn, so sagte er, „in der Kirche gibt es nicht nur das petrinische Profil“ - die Hierarchie -, „sondern auch das marianische“.[3] Er wollte sagen, eine Bewegung wie die unsere hebt das marianische Profil hervor.

Nur einmal wurde ich darauf angesprochen, daß ich als Frau die Bewegung angestoßen habe. Ein Bischof hatte uns gebeten, etwas für ein Volk in Kamerun, mitten im afrikanischen Urwald, zu tun. Ich bin hingegangen und wurde vom Fon, dem König, aufgefordert, eine Rede zu halten. Ich habe vor ihm und vor allen unsere Geschichte erzählt. Danach wandte er sich an mich: „Ich habe gut zugehört, als Sie gesprochen haben. Nun sagen Sie mir, wie konnten Sie das zustande bringen, wo Sie doch nur eine Frau und somit nichts wert sind?“ Ich fühlte mich durchaus nicht beleidigt, denn ich weiß, daß diese Bewegung nicht *mein* Werk ist. Sie ist Gottes Werk. Ich bin nur ein Werkzeug gewesen, eines der Werkzeuge, deren sich Gott bedient hat, um dieses Werk in der Kirche entstehen zu lassen. Im übrigen schenkt uns das Evangelium eine andere Sicht, die sich heutzutage noch nicht überall durchgesetzt hat: „Es gibt nicht mehr Juden und Griechen, nicht Sklaven und Freie, *nicht Mann und Frau*; denn ihr alle seid ‚einer' in Christus Jesus" (Gal 3,28). Schon Teresa von Avila beschwerte sich eindringlich über die Mißachtung der Frauen durch die Männer. Auch Therese von Lisieux, die uns zeitlich näher steht, beklagte sich. Mittlerweile haben sich die Dinge ein wenig geändert, so hoffe ich jedenfalls.

Sie haben ein recht komplexes Werk gegründet. Wann haben Sie zum ersten Mal geahnt, daß so etwas entstehen könnte?

Die Bewegung ist, wie gesagt, 1943 entstanden, aber es gab sozusagen eine Vorahnung im Jahr 1939. Ich gehörte damals dem katholischen Studentenverband an und wurde zu einer Zusammenkunft nach Loreto[4] eingeladen. Dort in der Kathedrale bin ich in das „Haus von Nazareth" hineingegangen, ohne mich bei der Frage aufzuhalten, ob dies nun geschichtlich gesehen wirklich das Haus war, das die Heilige Familie, Jesus, Maria und Josef, beherbergt hat. Ich war tief gepackt von dem Wunderbaren, das dort geschehen sein konnte. Ich erinnere mich, wie ergriffen ich von den Eindrücken war. Ich stellte mir den Engel bei der Verkündigung vor, Jesus als Kind, Josef, seine Stimme, den Gesang von Maria. Das alles bewegte mich unglaublich stark. Obwohl ich eigentlich nicht sehr zu Tränen neige, war ich vom ersten bis zum letzten Augenblick tief erschüttert und habe geweint. Es ging etwas in mir vor ... - man könnte sagen, ich war vom Göttlichen geradezu erdrückt. Nachher ging ich natürlich wieder zu den anderen, aber sobald ich Zeit hatte, kehrte ich allein dorthin zurück. Immer derselbe Eindruck, das gleiche Phänomen. Am letzten Tag kam ich in die Kirche, während gerade Messe gefeiert wurde. Da wurde mir klar, daß ich meinen Weg gefunden hatte und daß viele Menschen mir folgen würden.

Ich fuhr nach Hause zurück, wo ich als Grundschullehrerin tätig war. Als der Religionslehrer mich sah, fragte er mich: „Waren Sie in Loreto?" - „Ja." - „Und haben Sie Ihre Berufung gefunden?" Wahrscheinlich wußte er, daß ich (ich war erst 19) auf der Suche war. Ich antwortete: „Ja." - „Werden Sie heiraten?" - „Nein." - „Werden Sie Ordensfrau?" - „Nein." - „Dann bleiben Sie ehelos in der Welt?" - „Nein."

Das waren die drei Lebenswege, die damals in der katholischen Kirche üblich waren. Aber hier war etwas anderes: Ich hatte eine Intuition dessen gehabt, was einige Jahre später das Fokolar werden sollte, das Herzstück der ganzen Bewegung. Dort lebt man gewissermaßen mit Jesus in der Mitte zusammen, alle vereint in seinem Namen, ähnlich wie in der Familie von Nazareth: jungfräuliche Menschen und Verheiratete, die durch die Liebe geistigerweise jungfräulich sind. Sie leben mit Jesus in ihrer Mitte. Er ist da, wo zwei oder drei in seinem Namen, in seiner Liebe vereint sind.

Könnten Sie ein wenig umreißen, wann die Bewegung, die so spontan entstanden war, festere Formen annahm?

1943 war die Bewegung entstanden; bei Menschen war etwas „in Bewegung" geraten, könnte man sagen. 1949 hat sie klarere Konturen gewonnen, so daß wir von einem „Werk" sprechen können. Gott hat uns Ideen gegeben, vielleicht Inspirationen, durch die er die künftige Struktur dieses Werkes vorzeichnete: die Möglichkeit, als Kinder Gottes schon hier auf Erden das Reich des Himmels zu leben, mit Gott unter uns. Denn Gott war unter uns, und wir als seine Kinder waren in Gott, in der Dreifaltigkeit. Das sagt uns unser Glaube, aber damals, 1949, haben wir es ein wenig tiefer verstanden.

Chiara, Sie haben schon als junges Mädchen etwas gefunden, das Ihr ganzes Leben erfüllt hat. Was würden Sie jemandem sagen, der auf der Suche ist?

Ich würde ihm sagen, daß ich gefunden habe, und wenn er es wissen will, würde ich ihm sagen, was ich gefunden habe ... Aber wer sucht, wer offen ist, hat schon irgendwie gefunden.

Wie stellen Sie sich die Verwirklichung der Einheit in Kirche und Gesellschaft vor?

Ich denke da an die ersten Christen. Sie waren durch die gegenseitige Liebe verbunden und waren sozusagen alle Apostel. Die Worte Jesu „Geht hinaus in die ganze Welt, und verkündet das Evangelium ..." (Mk 16,15) waren zunächst an die Apostel gerichtet. Doch dann haben sich alle in Bewegung gesetzt: Händler, Soldaten, Mütter, Väter .... Sie haben die ganze ihnen bekannte Welt erreicht: Europa, Kleinasien und

Nordafrika. Alle haben verkündet: Christus ist gekommen; er ist gestorben und auferstanden!

Worin besteht die Ökumene der Fokolar-Bewegung?

Wir hatten kein Ökumene-Programm. Die Bewegung hat sich, wie gesagt, nach einem Programm entwickelt, das wir selber nicht kannten, offensichtlich unter dem Einfluß des Heiligen Geistes. Jede Entwicklung wurde durch bestimmte Umstände angestoßen. Auch mit der Ökumene war das so.

Ich war in Deutschland und sprach vor evangelischen Schwestern. Sie waren sehr interessiert, weil für sie das Evangelium besonders wichtig ist. Sie redeten mit ihren Pastoren und Bischöfen darüber. Ich wurde eingeladen, in ihren Gemeinden zu sprechen, und so entstand eine Freundschaft. Selbstverständlich sind sie evangelisch geblieben und wir katholisch, aber wir fanden unter uns eine tiefe Übereinstimmung.

Dann kam es zu einem Treffen in Rocca di Papa bei Rom. Ein paar hundert evangelische Christen kamen dort zusammen. Erstmals waren auch drei Anglikaner dabei. Diese zeigten sich beeindruckt von der tiefen Einheit in der Liebe unter Katholiken und Evangelischen und wollten an dieser Erfahrung teilhaben. Im folgenden Jahr brachten sie etwa hundert weitere Anglikaner mit. Sie hatten ebenfalls den Wunsch, auf diese Weise das Evangelium zu leben, auch wenn ein Ende der Trennung noch nicht abzusehen war. Nach und nach lernte ich durch sie den jeweiligen Primas kennen: Erzbischof Ramsey, Coggan und schließlich Runcie. Alle drei haben mich ermutigt. Ramsey sagte einmal: „Hier hat Gott die Hand im Spiel. In England gibt es viel Trennendes; es braucht den Geist der Einheit.“

1967 lernte ich Athenagoras kennen, eine außergewöhnliche Persönlichkeit der Orthodoxie, einen außerordentlichen Patriarchen mit besonderen Gaben. Da ich damals mit Papst Paul VI. im Gespräch war, kam mir, ohne es zu wollen, eine vermittelnde Rolle zu, und ich konnte dem Papst verschiedentlich Botschaften von Athenagoras überbringen. So kam es, daß ich ein wenig zur tiefen geistigen Einheit unter diesen beiden beitragen durfte. Später sind wir mit Methodisten und vielen anderen Christen in Kontakt gekommen. Heute zählen Menschen aus 200 Kirchen und kirchlichen Gemeinschaften zur Bewegung.

Und der Dialog mit den anderen Religionen?

Der Dialog mit den anderen Religionen ist wichtig, denn Jesus sagt uns: „Geht hinaus in die ganze Welt und verkündet das Evangelium allen Geschöpfen!“ (Mk 16,15). Die ersten Christen verstanden dieses Wort als an alle gerichtet, nicht nur an die Apostel. Auch wir sollen zu denen gehen, die einen anderen Glauben haben. Es gibt zwei Arten, das Evangelium zu verkünden: durch das Wort, wie es die Missionare tun, und durch das Zeugnis.

Es gibt ein wunderbares Wort im Evangelium: „Alle sollen eins sein“, sagt Christus, „damit die Welt glaubt“ (Joh 17,21). Wenn wir also eins sind, wird die Welt glauben. Christus in unserer Mitte, die Präsenz Gottes unter uns, bewirkt dies. Unsere Art, das Evangelium zu verkünden, ist die, ihn selbst zu bringen, ihn unter uns. Wir bringen ihn, wenn wir zeigen, wie wir einander lieben. Von den ersten Christen sagte man: „Seht, wie sie einander lieben und bereit sind, das Leben füreinander zu geben“ [Tertullian, Apologeticum, 39,7]. Diese gegenseitige Liebe bekehrte zum Glauben.

Dieser „Dialog des Lebens“ und des Zeugnis-Gebens ist von grundlegender Bedeutung, wie das Zweite Vatikanische Konzil hervorgehoben hat. Es gibt nämlich in allen Religionen „Saatkörner des Wortes“, also Wahrheiten oder Teilwahrheiten, die wesentlich sind. In vielen Religionen gibt es die sogenannte „Goldene Regel“, die besagt, dem anderen nichts zuzufügen, was man selbst nicht möchte. Der Gedanke der Liebe, die Aufforderung, die anderen wie sich selbst zu lieben, ist also in allen Religionen schon irgendwie vorhanden. Damit haben wir bereits einen guten Ausgangspunkt für einen Dialog auf der Ebene des Lebens: Wir können zusammenarbeiten für Frieden und Gerechtigkeit.

Unsere Erfahrung zeigt uns, daß manche Christus entdecken und Christen werden. Andere wieder bleiben Muslime, Hindu, Buddhisten, Sikhs ...

Für viele Menschen erscheint der Glaube abstrakt. Sie hingegen sprechen von der Dreifaltigkeit, von Jesus, von Maria mit Überzeugung, als wären sie präsent.

Wir alle haben in irgendeiner Form den Glauben. Wenn wir ihn zu leben beginnen, passiert etwas Neues. Der Glaube wird in gewisser Weise erleuchtet. Jesus sagt: „Wer mich liebt (d.h. wer ihn liebt und die anderen um seinetwillen), dem werde ich mich offenbaren“ (vgl. Joh 14,21), d.h. den lasse ich verstehen. Sich offenbaren heißt sich zeigen. Der Glaube mancher Menschen ist wenig erleuchtet; es gibt aber viele Menschen, die mit gutem Willen - wenn auch verbunden mit Fehlern - versuchen, das Evangelium in die Praxis umzusetzen. Sie bemühen sich vor allem um die Liebe, die ja der Kern des Christentums ist. Wer liebt, dem offenbart sich Gott. Der Glaube wird zur Überzeugung; deshalb sind für uns beispielsweise die Dogmen nicht mehr nur Dogmen, sondern leicht zugängliche, einleuchtende Wahrheiten geworden.

Es mag sein, daß manchmal noch der Schatten eines Zweifels bleibt, da wir ja noch in dieser Welt sind. Doch die innere Überzeugung wächst mit den Jahren und durch das Leben.

Zwei Themen, die die Menschen heutzutage beschäftigen, sind die persönlichen Beziehungen und die Angst vor dem Tod.

Heute wird viel von Beziehung gesprochen. Alles ist auf Beziehung ausgerichtet. Es gibt menschlich schöne Beziehungen wie die Freundschaft; sie ist etwas Wunderbares. Aber auch sie verlangt häufig Opfer. Alles Wertvolle verlangt Opfer, Hingabe und Engagement; das gilt ganz allgemein.

Aus christlicher Perspektive bedeutet „Beziehung“ das, was ich vorhin erklärt habe: den anderen lieben. Das heißt sich wirklich einsmachen mit den anderen, sie von innen her verstehen, leiden mit denen, die leiden, sich freuen mit denen, die sich freuen, sich in ihre Lage hineinversetzen, sich in allem einsmachen, außer in der Sünde natürlich. Jemand möchte spazierengehen? Geh mit, auch wenn du gerade keine Lust dazu hast. Mach dich eins mit ihm!

Wenn die anderen das sehen, spüren sie etwas, das nicht einfach nur menschlich ist. Früher oder später werden sie davon berührt und wollen auch so leben. Das haben wir tausendfach erlebt. In der Liebe, im Sich-selbst-Vergessen liegt im Grunde das Glück. Genau das suchen die Menschen, aber sie wissen nicht, daß sie es in der Liebe finden, in jener Liebe, die Jesus auf die Erde gebracht hat.

Nun zur Frage nach dem Tod. Ich wurde einige Male gefragt, ob ich Angst vor dem Tod habe. Früher hatte ich sicher Angst davor, in letzter Zeit Gott sei Dank nicht. Vielleicht deshalb nicht, weil mir vieles klar geworden ist. Aber vor allem, weil ich den Tod nie verdrängt habe -

ohne mich lange dabei aufzuhalten, schließlich gibt es eine Menge zu tun. Therese von Lisieux sagt, hier auf Erden seien wir im Exil. Ja, ein Exil ist es schon, aber es verlangt unseren ganzen Einsatz. Es geht darum, zu helfen, sich die Ärmel hochzukrempeln. In diesem Sinn ist „Entwicklung“ ein christlicher Begriff.

Der Tod macht mir keine Angst. Mir ist klar geworden: Den Tod sieht nur, wer einen anderen sterben sieht. Wer dagegen selbst stirbt, sieht das Leben; denn der Tod ist die Begegnung mit Christus. Du schließt die Augen, um sie drüben, im anderen Leben, zu öffnen. Dort siehst du Christus, den Christus, der dich erlöst hat. Gewiß, er ist auch dein Richter, aber er liebt dich. Wenn du während des Lebens versucht hast, etwas für ihn zu tun, kommt er dir in diesem Moment, glaube ich, mit ganz großem Wohlwollen entgegen.

Deshalb hat man irgendwann keine Angst mehr vor dem Tod. Eher fürchte ich mich vor den Schmerzen, die womöglich dem Tod vorausgehen und unerträglich sein können, wie ich es bei vielen Menschen gesehen habe. Man beginnt zu klagen, zu schreien. Aber auch da tröstet mich Christus, dem ich gefolgt bin, der gekreuzigte und verlassene Jesus. Am Kreuz hat er laut geschrien: „Mein Gott, mein Gott, warum hast du mich verlassen?“. Er wird auch meine Schreie, meine Klagen ertragen. Er verlangt nicht, daß wir in solchen Augenblicken lächeln.

Wenn Sie zurückschauen: Sind Sie eigentlich erstaunt, daß eine solche Bewegung durch Sie entstanden ist?

Nein, ich bin nicht erstaunt. Denn ich habe die Gewißheit, daß Gott sie gemacht hat. Es heißt: Groß sind die Werke Gottes. Zu kleinen Dingen sind auch wir fähig. Die großen tut zweifellos er. Deshalb bin ich nicht erstaunt.

---

1 So in der lateinischen Bibel (Vulgata): „Ich habe ihnen die Herrlichkeit (claritatem) gegeben, die du mir gegeben hast“ (Joh 17,22).

2 In der Enzyklika Mystici Corporis vom 29. 6. 1943 stellt Pius XII. die Kirche dar als Leib Christi (vgl. Kol 1,18), als Einheit und Vielfalt organisch miteinander verbundener Glieder.

3 Vgl. hierzu Johannes Paul II., Ansprache an die Kardinäle und Mitarbeiter der Römischen Kurie, 22. 12. 1987.

4 Wallfahrtsort in den Marken, in dessen Kathedrale ein kleines Haus steht, das traditionell als „Haus von Nazareth“ gilt.

Zur Einführung

Klaus Hemmerle
EIN LEBENDIGES MODELL VOR AUGEN

Der Vortrag, den beim ersten internationales Familienfest der Fokolar-Bewegung am 3. Mai 1981 Chiara Lubich im „Palaeur" in Rom gehalten hat, spricht durch sich selbst. Er stellt uns vor Augen, was Familie in der Perspektive jener Liebe ist, die Gott uns schenkt und die seinen Willen für uns zusammenfaßt. Chiara rückt ebenso unmißverständlich den Widerstreit zwischen dem auf der Liebe gegründeten Bild der Familie und jenen Bildern ans Licht, die in der heutigen Mentalität vorherrschend werden. So könnte ein Kommentar dieses eindrucksvollen Wortes von Chiara Lubich als überflüssig erscheinen.

Nichtsdestoweniger lohnt es sich, dabei zu verweilen, wie, aus welchen Wurzeln, aus welcher Haltung Chiara hier spricht. Die Weise, *wie* der Text angelegt ist, ist ein Beispiel und eine Erläuterung für das, *was* er sagt. Wir können an ihm jenen Stil des Sich-Einsmachens ablesen, der aus der Spiritualität der Fokolar-Bewegung erwachsen ist und in der Bewegung „Neue Familien" Gestalt gewinnen will auf diesem für Kirche und Gesellschaft so wichtigen Feld.

So betrachtet, eröffnet uns der Text vier wichtige Erkenntnisse. Diese bilden den Hintergrund, auf dem die einzelnen Passagen ihre Tiefenschicht erkennen lassen.

1. Chiara spricht von der Familie, indem sie *sich einsmacht mit ihrer konkreten Situation.* In diesem Prozeß des Sich-Einsmachens treten einerseits neue Nöte, Anfechtungen, Gefährdungen zutage: Stabile Bindung auf Dauer, vorbehaltloses Ja zu neuem Leben, Relativierung eigener Ansprüche am Nächsten und an der Gemeinschaft haben es schwer, sich verständlich zu machen, im allgemeinen Bewußtsein angenommen zu werden und in der Gesellschaft rechtlichen und sozialen Schutz zu finden.

Chiara Lubich löst allerdings von diesem Sich-Einsmachen mit der Situation der Familie nicht das Sich-Einsmachen mit der Kirche ab. Ihre Lehre und Norm wollen gerade die göttliche Liebe zur Familie und somit zum Menschen schützen und wahren. So entsteht kein Gegensatz zwischen dem Sich-Einsmachen mit den Familien und dem Sich-Einsmachen mit der Kirche, sondern letztere wird verständlich als Anwalt jener Werte und Maßstäbe in der Familie, ohne die diese ihre wahre Identität verliert.

Sich-Einsmachen mit der Familie und Sich-Einsmachen mit der Kirche, dies wird in der Sicht von Chiara Lubich ergänzt durch einen dritten Pol: Sich-Einsmachen mit unserer Zeit, mit unserer Situation. Bei aller klaren Kritik an gegenwärtigen Tendenzen, die das Bild der Familie verdunkeln oder zersetzen, führt Chiara Lubich gerade nicht in eine Flucht aus der Gegenwart in eine versunkene Vergangenheit oder nur erträumte Zukunft. Gott hat uns in diese Stunde hineingestellt, und, uns einsmachend mit der Familie und ihrem Leben in dieser Stunde, entdecken wir auch neue positive Werte, die eine Weiterentwicklung im ursprünglichen, dem Evangelium gemäßen Sinn ermöglichen: neue Offenheit und Gesprächskultur, Enttabuisierung der Leibhaftigkeit, Echtheit der personalen Beziehungen, Blick über den eigenen Horizont hinaus in der Verantwortung für Kirche und Welt insgesamt. Im Anknüpfen an diese positiven Tendenzen wird es leichter möglich, *mit* den Menschen von heute und nicht etwa ohne sie oder gegen sie die unveräußerlichen überkommenen Werte der Familie zum Leuchten zu bringen.

2. Wer sich einsmacht mit dem Nächsten, der wird frei von sich. Er gewinnt so nicht nur Raum, in dem die anderen jene sein können und dürfen, die sie sind; er wird auch Raum, um unverstellt das Licht Gottes, das Licht des Evangeliums in sich eindringen zu lassen. So heißt für Chiara Lubich die entscheidende Frage: *Wie ist die Familie von Gott her zu sehen?*

Es ist klar: nur das Wort Gottes, nur das Handeln Gottes, das uns in seinem Wort erschlossen ist, kann die Antwort geben. Gott ist Liebe, und diese Liebe teilt sich uns mit. Er selber ist dreifaltiges Leben, und so rückt die Familie als Urform menschlicher Gemeinschaft auch in den Brennpunkt der Botschaft von der Liebe, der Botschaft vom dreifaltigen Gott. Die Erschaffung des Menschen ist unlöslich verbunden mit der Anlage des Menschen auf die Familie hin; die Menschwerdung des Gottes, der die Liebe ist, bettet sich in den Lebensraum einer menschlichen Familie; Jesu öffentliches Wirken setzt bei der Hochzeit zu Kana an, bei einem Fest der Familie, das sinnbildhaft auf den Bund zwischen Gott und den Menschen hinweist. Gottes Ja zum Menschen in Schöpfung und Erlösung ist ein Ja zur einzelnen Person und zur Gemeinschaft zugleich. Nur von hier aus lassen sich Rang und Wesen der Familie von Gott her verstehen.

3. Wie aber läßt sich die Spannung zwischen dem faktischen Zustand der Familie und dem Maß Gottes für die Familie lösen? Chiaras Antwort: *Nur die Liebe, welche die Familie geschaffen hat, kann sie auch heilen.* So wenig wir auf äußere Hilfen und Maßnahmen zugunsten der Familie verzichten können, so wenig genügen diese. Anfang und Mitte kann nur das Leben jener Liebe sein, die Jesus uns als seine Gabe und sein Gebot hinterlassen hat. Von der gegenseitigen Liebe *in* den Familien und *zwischen* den Familien her ergibt sich ein Weg der Familie in die Zukunft, ein Weg, der auch das Verstehen und Leben der christlichen Grundsätze und Maßstäbe gangbar und anziehend werden läßt.

4. Liebe ist konkret, Liebe stiftet Gemeinschaft. Und so ist es konsequent, daß Chiara Lubich nicht mit einer Theorie oder mit Merksätzen endet; vielmehr stellt sie uns ein *lebendiges Modell* vor Augen: *die Familie von Nazareth.* In der Gemeinschaft der Heiligen ist diese Familie uns nicht fern, sondern sie besteht aus lebendigen Personen, auf die wir schauen und mit denen wir Gemeinschaft halten können. An dieser Familie, deren Leben und Auftrag gekennzeichnet ist von Herausforderungen ungewöhnlicher Art, können auch und gerade Familien von heute sich orientieren.

FAMILIE UND LIEBE

Vortrag vor dem ersten Kongreß der Bewegung Neue Familien („Familyfest", Palaeur/Rom, 3. Mai 1981)

Liebe Freunde,

Ihr seid aus allen Kontinenten zu diesem Treffen gekommen und hier im Namen Jesu zusammen. Ich wünsche Euch allen die Fülle der Freude, die seine Gegenwart bewirkt! Heute wollen wir uns einem Thema zuwenden, das zu den brennendsten unserer Zeit gehört: Es geht um die Familie. Soziologen, Philosophen, Erzieher, Politiker und Psychologen bemühen sich, die Familie aus ihrem Blickwinkel zu definieren. Ich bin jedoch überzeugt, daß Euch hier besonders eine Vorstellung von der Familie interessiert: die Familie aus der Sicht Gottes. Darauf wollen wir heute eingehen.

Beginnen wir mit einer einfachen Feststellung: Als Gott die Welt schuf, schuf er eine Familie. Als er Mensch wurde, umgab er sich mit einer Familie. Als Jesus seine Sendung begann und seine Herrlichkeit offenbarte, befand er sich auf einer Hochzeitsfeier. Dies könnte schon genügen, um zu verstehen, welche Bedeutung der Familie in der Sicht Gottes zukommt.

Heute sieht sich die Familie vielen Einflüssen ausgesetzt. Der Einfluß ungesunder Theorien, der Verfall traditioneller Werte, theoretischer und praktischer Materialismus, Konsumdenken und Genießen-Wollen stellten und stellen immer mehr einen Frontalangriff auf die Familie dar. Das freizügige, individualistische Denken hat das Prinzip der Unauflösbarkeit der Ehe innerlich ausgehöhlt. Die Ehe wird oftmals zu einer reinen Privatsache erklärt, ohne Verantwortung und Verpflichtung gegenüber der Gesellschaft.

Wir wissen, wie die Bevölkerungsexplosion zum Anlaß genommen wird, die - grundsätzlich sehr wichtige - Frage der „verantworteten Elternschaft" in einer egoistischen und materialistischen Weise zu interpretieren. So nähert man sich in der Wohlstandsgesellschaft dem „Nullwachstum", wenn die Bevölkerungsentwicklung nicht gar rückläufig ist. Mehr als ein Kind oder allerhöchstens zwei zu haben, überschreitet fast schon die Norm. Bekanntlich werden diese bedenklichen Entwicklungen in vielen Ländern durch gesetzliche Bestimmungen gefördert, die die Familie weiter schwächen: im Scheidungsrecht, in der Regelung der Abtreibung, Euthanasie, Empfängnisverhütung und Sterilisation, durch unzureichende finanzielle Leistungen für kinderreiche Familien und so fort. Die Medien, besonders das Fernsehen, aber im weiteren Sinne auch Theater, Kino, Werbung und Literatur, zeichnen häufig ein Bild der Beziehungen zwischen Mann und Frau, bei dem an die Stelle der liebenden Hingabe der momentane Besitz des anderen tritt und die körperliche Beziehung auf ein erotisches Spiel reduziert wird. Der Begriff „Sünde" hat in diesem Bereich an Bedeutung verloren. Unter Jugendlichen gilt die Ehe heute vielfach als überholt. Sinnvoll scheint nur ein freies Zusammenleben von Mann und Frau, solange eine gefühlsmäßige Bindung besteht; nimmt sie ab, wird die Beziehung gelöst.

Andererseits sind uns viele Fälle bekannt, in denen das Zusammenleben auf Zeit das Paar in seiner Beziehung verunsichert und viele nach verschiedenen Erfahrungen dieser Art an den Rand der Verzweiflung gebracht hat. Die Selbstmordquoten bei Jugendlichen sind erschrekkend hoch. Kinder, die nicht mehr den natürlichen Halt bei den Eltern finden, wachsen in einem Klima der Unsicherheit auf. Die Folgen sind Skepsis dem Leben gegenüber, mangelndes Selbstvertrauen, Drogenkonsum, Gewaltbereitschaft. Weiter führt diese Mentalität junge Menschen, die durchaus die Absicht haben, eine Familie auf Dauer zu gründen, dazu, voreheliche Beziehungen als normale Praxis zu betrachten. Alte Menschen werden oft ausgegrenzt und finden keinen Platz mehr in der Familie. Die Frau schließlich, die auf der Suche nach einer neuen Identität ist, verspürt das durchaus berechtigte Bedürfnis, sich auch außerhalb der Familie, am Arbeitsplatz, im Beruf, in der Gesellschaft zu verwirklichen. Dabei läuft sie gelegentlich Gefahr, ihre Aufgabe als Ehefrau und Mutter unterzubewerten.

Soviel zu einigen negativen Aspekten im Erscheinungsbild der Familie von heute, wie es sich im Oktober 1980 auch den Bischöfen auf der Synode über die Familie darbot. Darum sahen sich die Nachfolger der Apostel veranlaßt, in ihrer abschließenden Erklärung mehrmals hervorzuheben, wie notwendig der häufige Empfang des Bußsakraments für die Familienmitglieder ist, weil man der Vergebung bedarf.

Es stellt sich die Frage nach den Ursachen dieser Situation, die gerade vom christlichen Standpunkt aus äußerst ernst erscheint.

Wie die Familie das Bild der Welt prägt, gilt umgekehrt: Die Familie spiegelt die Gesellschaft wider, aus der sie hervorgeht. Wenn in der Welt von heute vieles im Argen liegt, hat das zwangsläufig Auswirkungen auf die Familie. Um so mehr ist sie auf die Hilfe der Gnade angewiesen. Sehnlichst würden wir uns eine andere Lage wünschen, eine Zeit, in der die christlichen Werte und die Familie hochgeschätzt werden. Aber wir müssen die Zeit lieben, in die Gott uns gestellt hat, und wir dürfen keine Anstrengung scheuen, Familie und Welt so zu gestalten, wie sie sein sollten.

Verschiedene christliche Bewegungen, die Gott hat entstehen lassen, leisten einen wichtigen Beitrag zur Familienpastoral der Bischöfe, und gewiß enthält das jeweilige Charisma dieser kirchlich anerkannten Be wegungen einen präzisen Ansatzpunkt zur Gesundung der Familie. So stellt sich uns die Frage nach dem spezifischen Beitrag der Bewegung „Neue Familien“. Woran hält sie sich, aus welcher Quelle schöpft sie? Es gibt keinen Zweifel, sie hält sich an Gott, der Liebe ist; denn die Familie ist nichts anderes als ein Zusammenspiel, ein Hort, ein Geheimnis der Liebe: eheliche, mütterliche, väterliche, kindliche, geschwisterliche Liebe, Liebe der Großmutter zu den Enkeln, der Enkel zum Großvater, der Kinder zur Tante, zu Vettern und Kusinen ... Die Liebe allein konstituiert die Familie und sichert ihren Zusammenhalt. Wenn die Liebe fehlt, muß die Familie scheitern. Deshalb müssen unsere Familien dort schöpfen, wo die Quelle der Liebe ist.

Gott, der Liebe ist, weiß, was die Familie ist; er hat sie erdacht als Meisterwerk der Liebe, als Zeichen, Symbol, Urbild aller Beziehungen. Wenn er die Familie so geschaffen hat, daß die Liebe ihr Gestalt gebendes Prinzip ist, dann kann er die Familie auch durch die Liebe heilen.

Der Mensch verwirklicht sein Menschsein darin, daß er sich als Abbild Gottes verhält, mit Gott in Gemeinschaft steht und sich bewußt wird, daß er Gottes Gegenüber, Gottes „Du“, ist. So muß die Liebe, die die Familie zusammenhält, ganz bezogen sein auf die Liebe, die in Gott ist und sein Geschenk: Sie muß mit ihr in Verbindung stehen, sich von ihr nähren, sich an ihr ausrichten und sich mit ihr vereinigen. Deshalb legt uns die Kirche den häufigen Empfang der Sakramente nahe, die uns Gnade schenken und die göttliche Liebe in uns wachsen lassen; sie ruft auf, gemeinsam zu beten, am Gottesdienst teilzunehmen und uns vom Wort Gottes zu nähren. Auch aus alten und neuen Andachtsformen, besonders aus der Marienverehrung, sollen wir Kraft schöpfen, ist all dies doch eine echte Hilfe für das Glaubensleben.[1]

Wenn in den einzelnen diese Liebe lebendig ist, wird die Familie wieder geeint und heil sein und findet zu jener Schönheit zurück, die dem Entwurf Gottes entspricht: Kein Problem ist unlösbar, kein Hindernis unüberwindlich, kein Versagen nicht wiedergutzumachen.

Die heutige Familie ist auf diese Liebe dringend angewiesen, worauf bereits das Motto dieses Kongresses hinweist: „Familie und Liebe". Die Begegnung mit unserer Bewegung müßte die Familien anstoßen, die Liebe, die jeder Familie innewohnt, neu zu beleben durch jene Liebe, die reines Geschenk Gottes ist. Möge die Liebe Gottes unsere Liebe neu aufblühen lassen! Dann kann der schmerzliche Umbruch, den die Familie durchlebt, fruchtbar werden und jenen neuen Typ von Familie hervorbringen, den unsere Zeit erwartet und der sich bereits abzeichnet. Denen, die Gott lieben, gereicht ja alles zum Guten. Durch die Liebe, die von Gott kommt, wird sich die bürgerliche Familie, die heute nicht mehr akzeptiert ist, weil sie sich egoistisch in sich selbst verschließt, für die Gesellschaft öffnen.

Diese Liebe wird - besser als jedes andere Mittel - dazu führen, den Wert der Frau zu erkennen und ihr ihren wahren Platz in der Gesellschaft zu geben. Diese starke Liebe wird viele Männer dazu bewegen, sich mehr in das Familienleben einzubringen und alle Aufgaben in echter Partnerschaft mit der Frau zu teilen. Diese Liebe wird das Positive in den Familien stärken: den Wunsch nach Aufrichtigkeit und Offenheit, ein ungezwungeneres Miteinander zwischen Jungen und Mädchen usw. Die Liebe Gottes wird uns unsere Leiblichkeit neu entdecken lassen, nicht mehr als etwas Zweideutiges, sondern in ihrer wahren Dimension: als Geschenk des Schöpfers. Zugleich wird sie helfen, die derzeitige Überbewertung der Sexualität abzubauen und das Interesse an anderen Lebensinhalten - am sozialen, politischen und kulturellen Leben - zu wecken. Und im Licht dieser göttlichen Liebe finden sich auch die Kriterien für eine verantwortete Elternschaft.

Wir befinden uns in einer Phase des Suchens und tiefgreifender Wandlungen; das Rad der Zeit zurückzudrehen ist undenkbar. Allen, die echte Werte einzubringen haben, stehen viele Einflußmöglichkeiten offen. Richtungweisend kann auch eine geeinte Familie sein, in der die

Beziehungen echt und nicht repressiv sind, die offen ist für ihre Umwelt, die reife Entscheidungen zugunsten des Lebens und der Kinder trifft, die die gestörten Beziehungen zwischen den Generationen wiederherstellt und neu den Wert der alten Menschen entdeckt.

Bei dieser Veranstaltung werden wir verschiedene Aspekte der Familie ansprechen: die Beziehung zu den Kindern, die Situation der Waisen, der Verlobten, der Verwitweten, der alten Menschen. Von Adoptionen wird die Rede sein und vom Problem der Abtreibung. Wir werden uns mit der Berufung unserer Bewegung „Neue Familien" befassen, mit ihrer Spiritualität, ihrem Dienst an der Ortskirche, den Beziehungen zu Nichtchristen und Nichtglaubenden. Verschiedenste Erfahrungen werden uns vorgestellt, wir werden die Lehre der Kirche über die Familie aufgreifen und das Wort des Heiligen Vaters hören.

Was ist einem so umfassenden Programm noch hinzuzufügen? Mir scheint, wir sollten noch einen Blick auf jenes leuchtende und universale Beispiel werfen, das Gott in seiner Weisheit erdacht hat: die Familie von Nazareth. In ihr können alle Familien der Welt - die der Gegenwart und die der Zukunft - ihr Vorbild und Urbild finden. Und nicht nur die Familien: auch die einzelnen können an ihr ablesen, wie sie sich verhalten sollen, wie ihre Einstellung sein muß, wie sie ihre Beziehungen beleben können und welche christlichen Grundhaltungen zu pflegen sind.

Jeder Ehemann, jeder Vater kann in Josef, dem Bräutigam Marias und Pflegevater Jesu, Licht, Ansporn und Anregung finden. Von ihm kann er konsequente Treue und heroische Keuschheit lernen, Stärke, tatkräftigen Einsatz ohne viel Aufhebens, Respekt und Ehrfurcht vor der Mutter seiner Kinder, für die er sich verantwortlich fühlt, und ein lebendiges Anteilnehmen an den Belangen der Familie.

Jede Ehefrau und Mutter kann in Maria ihr Vorbild entdecken, die Gleichwertigkeit mit dem Mann und die eigene Identität. In Maria findet sie voll und ganz ihren Wunsch verwirklicht, sich einzubringen; an Maria wird ihr klar, wie sie über den Bereich der eigenen Familie hinaus ihre mannigfaltigen Gaben zum Wohl vieler einsetzen kann: ihre Hingabefähigkeit, ihre Innerlichkeit, die ihr Sicherheit verleiht, die Religiosität, die sie auszeichnet, das ureigene Bedürfnis, durch ihre Schönheit und Reinheit nach Höherem zu streben und auf Höheres zu verweisen.

In der Weise, wie Jesus mit Maria und Josef lebte, finden die Kinder zwei widerstrebende Tendenzen vereint: das Bedürfnis, sich als neue Generation zu behaupten - sie haben ja ein neues Kapitel der Geschichte zu eröffnen -, und den Wunsch, in der Familie, in Liebe und Gehorsam Geborgenheit zu finden.

Die Heilige Familie, das Juwel menschlicher Gemeinschaft, spiegelt das Leben der Dreifaltigkeit wider, in der die Liebe die göttlichen Personen eins sein läßt. Diese Familie soll uns heute vor Augen stehen; sie möge uns begleiten und diesen Tag leiten zum Wohl der Familie in Kirche und Welt und zur Ehre Gottes.

1 Vgl. die Botschaft der Bischofssynode „An die christlichen Familien in der heutigen Welt" (Vatikan, 25.10.1980).

JEDES LEBEN BRAUCHT LIEBE

Rede anläßlich einer Veranstaltung der „Bewegung für das Leben“ (Florenz, 17. Mai 1986)

Heute sind wir hier zusammengekommen, um einen „Tag für das Leben“ zu begehen. Vielerorts herrscht auf unserem Planeten eine Kultur, die wir als „Kultur des Todes“ bezeichnen könnten: Denken wir nur an die hohe Zahl von Abtreibungen, denen unschuldiges Leben zum Opfer fällt, an die Sterilisation, Gen-Manipulation und Euthanasie; das Wettrüsten nimmt kein Ende; stets herrscht irgendwo Krieg; Forderungen nach Wiedereinführung der Todesstrafe werden laut; der Terrorismus stellt eine ständige Bedrohung dar; Mord, Suizid und Drogentote sind an der Tagesordnung. Der Fortschritt in Wissenschaft und Technik, der einerseits die Hoffnung auf bessere Lebensbedingungen für die Menschheit weckt, erzeugt andererseits geradezu panische Zukunftsängste. Die Möglichkeit eines Atomkriegs, die überzogenen Befürchtungen wegen der Bevölkerungsexplosion, die übermäßige Sorge um materielle Güter bei gleichzeitiger Ablehnung geistiger Werte, die Angst bzw. die grundsätzliche Ablehnung, Kinder in die Welt zu setzen: all das zeugt von einer lebensfeindlichen Mentalität.

Man sollte meinen, über das Thema „Leben“ müßte bei Menschen jeglicher Überzeugungen, bei Angehörigen der verschiedensten Weltanschauungen Übereinstimmung bestehen. Doch das ist nicht der Fall. Über den Wert des Lebens und die mit dem Leben verbundenen komplexen Probleme kursieren derart viele widerstreitende Meinungen, daß man sich auch bei besten Absichten kaum ihrem Einfluß entziehen kann. Um so mehr ist uns daran gelegen, diese Fragen aus dem Blickwinkel Gottes anzugehen. Als Gläubige ist das entscheidend für uns, zumal es um ein Thema von großer Tragweite geht. Und weil jeder Mensch Abbild Gottes und daher von Natur aus auf die Wirklichkeit des Christlichen angelegt ist, wird diese Sicht Gottes auch diejenigen, die nicht oder anders glauben, aber lauter, aufrichtig und offen sind, nicht unberührt lassen.

Die Quelle, die uns eine Vorstellung davon gibt, was Gott zum Leben sagt, ist die Heilige Schrift. Sie beginnt gleichsam mit einer Hymne an das Leben: Gott ruft das Universum ins Dasein, er schenkt Pflanzen und Tieren das Leben und erschafft Mann und Frau als „sein Abbild, ihm ähnlich“ (Gen 1,26). Gott schenkt nicht nur das Sein, er sichert auch den Fortbestand des Universums, indem er Gesetze festlegt, eine Ordnung bestimmt. Den Lebewesen weist er ihre jeweilige Nahrung zu und fordert sie auf, sich nach ihrer Art zu vermehren und die Erde zu bevölkern. So sichert er ihre Existenz.

In der Schöpfungsgeschichte lesen wir zwar weiter, daß Gott nach dem schweren Ungehorsam der Stammeltern zur Frau sagt: „Unter Schmerzen gebierst du Kinder“ (Gen 3,16) und zum Mann: „Im Schweiße deines Angesichtes sollst du dein Brot essen ... Staub bist du, zum Staub mußt du zurück“ (Gen 3,19). Die Strafe hatte also einschneidende Folgen für ihr Leben; doch trotz allem erweist sich Gott stets als der Gott des Lebens. Die Schöpfungsgeschichte schließt nicht mit der Bestrafung, sondern mit der Ankündigung der Erlösung.

Überall im Alten Testament begegnet uns diese Ehrfurcht vor dem Leben. Auch als Gott strafen, ja den Menschen mit der Sintflut „vom Erdboden vertilgen will“, errettet er doch Noah und überträgt auf ihn als das neue Haupt der Menschheit den Segen, den er einst Adam erteilt hat. In diesem Segen tritt die Bedeutung des menschlichen Lebens klar zutage: „Für das Leben des Menschen fordere ich Rechenschaft, von jedem seiner Brüder ... Denn Gott hat den Menschen als sein Abbild geschaffen“ (Gen 9,5-6). Für den Menschen des Alten Testaments ist das Leben zweifellos das höchste Gut. Als Lohn für die Erfüllung der Gebote Gottes wird ihm langes Leben verheißen: „Ehre deinen Vater und deine Mutter, ... damit du lange lebst und es dir gut geht in dem Land, das der Herr, dein Gott, dir gibt“ (Dtn 5,16).[1] Ein langes Leben bis ins „hohe Alter“, in dem der Mensch schließlich „satt an Tagen“ sterben kann, galt allgemein als besonderes Zeichen göttlichen Wohlgefallens. Denn der Segen des Herrn bestand darin, daß er Leben schenkt. Im Buch der Weisheit heißt es: „Gott hat den Tod nicht gemacht und hat keine Freude am Untergang der Lebenden. Zum Dasein hat er alles geschaffen ...“ (Weish 1,13-14). Die Kernaussage des Alten Testaments zum menschlichen Leben lautet also: Der Mensch wurde als Abbild Gottes erschaffen, und zwar der Mensch als ganzer: Nicht nur der Geist, sondern auch der Leib des Menschen trägt einen Widerschein dieser Ebenbildlichkeit in sich. Wer darum den Leib des Menschen verletzt, verletzt Gottes Ebenbild.

Aus dem göttlichen Ursprung des Lebens, aus der Tatsache, daß der Mensch von Gott und als dessen Abbild geschaffen wurde, ergibt sich eine wichtige Konsequenz: Der Mensch kann nicht über sich selbst verfügen, wie es ihm gefällt. Gott ist der Herr des Lebens; der Mensch besitzt also sein Leben sozusagen als Leihgabe. Das Alte Testament zieht daraus die Schlußfolgerung in einem Gebot des Dekalogs: „Du sollst nicht töten!“ (Dtn 5,17).

Auch das Neue Testament ist ein einziger Lobpreis auf das Leben. Im Buch der Offenbarung wird Jesus als der „Lebendige“ bezeichnet: „Ich bin der Erste und der Letzte und der Lebendige“ (Offb 1,17-18). Die gleiche Eigenschaft wird Gott zugesprochen: „Du bist Christus, der Sohn *des lebendigen Gottes*“ (Mt 16,16). Jesu Sendung besteht darin, Leben zu schenken: das übernatürliche und das natürliche. Er sagt von sich: „Ich bin die Auferstehung und das Leben“ (Joh 11,25) und: „Ich bin der Weg, die Wahrheit und das Leben“ (Joh 14,6). Jesus zeigt seine Liebe zum Leben darin, daß er Tote erweckt und Krankheiten aller Art heilt. Die Frohbotschaft endet nicht mit dem Tod am Kreuz, sondern mit der Auferstehung.

Noch ganz durchdrungen von der Lehre Jesu, dessen Weggang ja erst kurze Zeit zurücklag, haben die ersten Christen seine Weisungen zum Schutz des Lebens auf alle Bereiche und Abschnitte des menschlichen Lebens bezogen. In der Didaché (Zwölfapostellehre), einem wichtigen christlichen Lehrbuch aus dem ersten Jahrhundert, heißt es: „Die den Weg des Todes gehen, laden neben vieler anderer Schuld auch die auf sich, daß sie ihre Kinder töten und durch die Abtreibung Geschöpfe Gottes umkommen lassen“ (V,2). An der Wende vom zweiten zum dritten Jahrhundert schrieb Tertullian in aller Deutlichkeit: „Uns Christen, denen es ein für allemal verboten ist zu töten, ist es auch nicht erlaubt, das im Mutterleib empfangene Leben zu zerstören“ [Apologeticum 9,8]. In den Schriften aller griechischen und lateinischen Kirchenväter wird das Leben im Mutterleib als heilig betrachtet, weil es von Gott gewollt ist; folglich muß es geschützt werden. Für den Christen ist auch ein außerhalb der Ehe gezeugtes Kind von Gott gegeben; es hat ein Anrecht darauf, sich frei entfalten zu können.

Soviel zu der Vorstellung Gottes von der Heiligkeit und Unantastbarkeit des Lebens, wie sie in der Heiligen Schrift und in der Lehre der Kirchenväter vielfältig bezeugt wird. Die maßgeblichen Interpreten der Sicht Gottes durch die Jahrhunderte hindurch sind, wie wir wissen, die

Nachfolger der Apostel: die Päpste und Bischöfe. Auf sie bezog Jesus seine Worte: „Wer euch hört, der hört mich“ (Lk 10,16); er selbst spricht durch sie. Wir kennen die Auffassung Johannes Pauls II. und wissen, wie sehr er sich immer wieder für das Leben einsetzt. Er ist - wie auch die Bischöfe - ganz besonders sensibel für diese schwerwiegende Problematik; immer wieder erhebt er seine Stimme zur Verteidigung des heute weithin gefährdeten ungeborenen Lebens. „Der heutige soziale Kontext“, betonte er unlängst, „verlangt von allen Menschen guten Willens ganz besonders den Einsatz für die Verteidigung des Lebens, und zwar vom Augenblick der Empfängnis bis zum letzten Atemzug.“[2] Gott sagt uns: Du sollst nicht töten!, Du sollst niemals töten!

Das Kind im Mutterleib ist vom Augenblick der Empfängnis an ein menschliches Wesen. Wir können ihm nicht wegen seiner Verbundenheit mit seiner Mutter seinen Eigenwert absprechen; das Kind ist ein anderer Mensch! Es ist nicht Eigentum der Mutter. Sie hat kein Recht, über das neue Leben zu verfügen, im Gegenteil: Es ist ihre elementare Pflicht, alles zu tun, damit das Kind zur Welt kommen kann. Darin liegt die Größe der Frau, daran reift sie: daß sie Leben schenkt, nicht dadurch, daß sie das Kind in ihrem Schoß tötet.

Die Mutterschaft schenkt der Frau nicht nur Freude und Hoffnung, Muttersein kostet auch Schmerz und Opfer. Es verlangt viel, ein Kind zu ernähren, es großzuziehen, ihm nachzugehen; Ängste, Sorgen, schlaflose Nächte, Enttäuschungen bleiben einer Mutter nicht erspart, und auch der finanzielle Aufwand ist nicht zu übersehen. Manchmal ist der Zeugungsakt nicht von der Liebe bestimmt, sondern von Gewalt des Mannes gegenüber der Frau - innerhalb und außerhalb der Ehe. Schwierige finanzielle Situationen machen es oft schwer, das neue Leben anzunehmen. Die körperliche Verfassung der Frau kann eine Schwangerschaft ernsthaft belasten. Für eine Frau, die neben ihrem Beruf auch noch den Haushalt zu versorgen hat, kann der Gedanke an Kinder belastend sein. Von außen erfährt die Frau wenig Hilfe: Eine Umwelt, die von Mangel an Verständnis, Konsumdenken und Sorge um Wohlstand geprägt ist, läßt die Frau oft entsetzlich allein in ihrem Ringen, der Versuchung zur Abtreibung zu widerstehen. In anderen Fällen ist das Kind die Frucht unreifer Beziehungen zwischen den Partnern, die nicht darauf vorbereitet sind, es anzunehmen. Und doch sagt Gott uns immer wieder: „Du sollst nicht töten.“ - Gewiß, Gott verlangt damit viel. Aber Gott ist kein Tyrann; er hat uns auch den Weg aufgetan, wie wir dieses Gebot selbst unter schwierigen Bedingungen leben können: Gott setzt an bei der Liebe, die im Herzen des Menschen lebendig ist, und veredelt sie auf göttliche Weise; er hat die Liebe im Menschen mit der seinen verbunden und das Feuer der göttlichen Liebe in uns entzündet.

Voll Staunen erleben wir jedes Jahr, was die Frühlingssonne in der Natur bewirkt. Alles erwacht zu neuem Leben: die Knospen sprießen, die Bäume beginnen zu blühen und neue Blätter zu tragen. Im Winter barg die Erde die Samen, doch nun keimt das Leben mächtig auf - nicht, weil nach dem Kalender der Frühling anfängt, sondern weil die Sonne das Erdreich erwärmt, vielleicht sogar schon im Winter, vor dem 21. März. Wie die Sonne in der Natur, so läßt die Liebe im Herzen des Menschen das Leben neu erblühen. Wenn uns in der Welt von heute eine „Kultur des Todes“ begegnet, so wäre ein breiter Strom christlicher Liebe, der die Gesellschaft durchflutet, das beste Mittel, Fehlentwicklungen vorzubeugen. Schon heute könnte sie Kräfte freisetzen, die die Mißstände und negativen Erscheinungen in der modernen Welt beseitigen oder zumindest eindämmen. Die Liebe ist der Kern des Evangeliums, sie ist die spezifische Berufung der Jünger Christi. Diese göttliche Liebe muß in den Menschen neu lebendig werden; sie ist das Feuer, das Jesus auf die Erde gebracht hat, und das nach seinem Willen brennen soll. Diese Liebe wurde uns in der Taufe geschenkt. Durch die Kraft der Sakramente, durch das Leben jener Tugenden, die Jesus uns vor Augen gestellt hat, und durch das Gebet wird sie bewahrt, genährt und gestärkt. So wird sie die Last, die mit der Elternschaft verbunden ist, erleichtern. Weil sie diese Erfahrung machten, folgten die ersten Christen mit Freude den Weisungen Jesu, die von den Aposteln und später von den Kirchenvätern aufgegriffen wurden.

Mit dieser Liebe im Herzen wird auch die moderne Frau einem Kind, das Gott ihr schenkt, das Leben geben. Diese Liebe wird sie befähigen, darin nicht ein Problem zu sehen, sondern sich mutig auch den schwierigsten Situationen zu stellen. Wenn in den Christen die Liebe wach ist, wird der Mann ohne Zögern die Last, die das Muttersein für die Frau mit sich bringt, nach Kräften mittragen. Schließlich tragen beide Ehepartner Verantwortung für die Kinder, nicht nur die Mutter. Heutzutage wird das oft verkannt; man spricht von der Mutterschaft, als ginge sie nur die Frau etwas an. Es gibt wohl nichts, das dem Mann seine Verantwortung für das von ihm gezeugte Leben so bewußt macht wie die Liebe. Verliert man die *gemeinsame* Verantwortung der Partner aus den Augen, beraubt man die Familie ihres eigentlichen Sinns: Gemeinschaft zweier sich liebender Menschen zu sein, die offen ist für das Leben. Es käme einer Zweiteilung der Menschheit nahe: auf der einen Seite die Frau mit den Kindern, auf der anderen der gleichgültige und egoistische Mann.

Die Liebe zum Nächsten und die Liebe zu Gott verstärken sich gegenseitig. Wie eine Pflanze um so höher emporwächst, je tiefer sie im Erdreich verwurzelt ist, so nimmt im Christen die Liebe zum Nächsten in dem Maße zu, wie seine Einheit mit Gott wächst. Wer diese Vereinigung mit Gott erfährt, verspürt ein neues Verlangen nach dem Gebet, und so geht ihm auch neu der Wert der Enthaltsamkeit auf. Die Liebe ist die Königin aller Tugenden und ihr Ursprung. Sie bringt die Reinheit hervor, die Keuschheit, sie löscht den Egoismus aus. Wer liebt, besitzt die Herrschaft über sich selbst und ist rücksichtsvoll gegenüber den anderen; er begegnet seiner Frau mit Respekt und achtet das neue Menschenleben, das in ihrem Schoß heranwächst. Mit dieser Liebe läßt sich wahres Vater- und Mutter-Sein, verantwortete Elternschaft in der rechten Weise verwirklichen.

Nicht nur das Neugeborene, sondern jeder Mensch braucht Liebe - in jeder Lebensphase und in allen Situationen. Wenn das Kind in einer Atmosphäre der Liebe aufwächst und sich zunächst selbst als Mittelpunkt der Aufmerksamkeit erfährt, entwickelt sich in ihm die Fähigkeit zur Gemeinschaft, jene Basis, die es ihm einmal ermöglicht, in rechter Weise mit seinen Mitmenschen in Beziehung zu treten.

Wie sehr benötigt der Jugendliche in der Pubertät unsere Liebe! Das Eintreten der Geschlechtsreife stellt ihn vor eine neue Realität: er wird sich seiner Leiblichkeit bewußt. Er nimmt in sich eine vorher nicht gekannte Liebesfähigkeit wahr und beginnt, sich für das andere Geschlecht zu interessieren ... Für den Jugendlichen ist das keine leichte Zeit; die äußere Umgebung macht es ihm zusätzlich schwer: Die billigen Angebote vermeintlicher Freiheit und eine verkehrte Sicht der Sexualität als Mittel zum Genuß können ihn in Situationen bringen, die ihn gefährden. Einerseits ist in diesem Alter der Drang nach Unabhängigkeit und Selbstbestimmung besonders stark, andererseits ist er gerade in dieser Zeit, auch wenn er es sich nicht eingesteht, sehr auf Liebe angewiesen. Er braucht die Liebe der Eltern und Erzieher; er braucht Verständnis für das, was in ihm vorgeht; er braucht Einfühlungsvermögen, damit das Gespräch, das vielleicht schwieriger geworden ist, nicht abreißt; er braucht jemanden, der ihm das Positive dieses Lebensabschnitts zeigt. In vielen Fällen ist dies für die Eltern eine Zeit großer Sorge, ein Leiden, in dem es fast scheint, als müßten sie dem Kind neu das Leben schenken. Doch ihre vom Schmerz geprägte Liebe wird nicht ohne Wirkung auf den Sohn oder die Tochter bleiben. Sie macht ihnen bewußt, wie wertvoll und bedeutsam Hingabe und Dasein für andere bzw. die Ehrfurcht vor dem anderen Geschlecht sind.

Auch in der Verlobungszeit bedürfen die Kinder der begleitenden Liebe ihrer Eltern. Mann und Frau, die in der Ehe Mitarbeiter des Schöpfers werden, indem sie neues Leben hervorbringen, müssen schon als Verlobte lernen, in sich jene Kraft der Liebe zu entwickeln, die für ihre Kinder wesentlich sein wird. „Dem oder der Verlobten echte Liebe zu schenken aber heißt“, so Igino Giordani, „ihm oder ihr Gott schenken, die göttliche Liebe.“ Denn die übernatürliche Liebe läutert und stärkt die menschliche Liebe, verleiht ihr Bestand und macht sie unvergänglich.

Bekanntlich geht im Leben nicht immer alles so, wie es gehen sollte. Der Mensch ist frei, und manchmal mißbraucht er diese Freiheit, auch in schlimmer Weise, oft genug zum Schaden anderer. So sieht man sich plötzlich einer schmerzlichen Tatsache gegenüber; ein unerwünschtes oder verlassenes Kind, ein nicht eheliches Kind, vielleicht sogar ein Kind, das unter Anwendung von Gewalt gezeugt wurde. Hier begegnen wir einem der größten Geheimnisse des Lebens, dem Leid Unschuldiger. Welche Antwort gibt uns die Liebe?

Jesus, der für jeden Menschen gestorben und auferstanden ist, kann uns einen neuen Blick für den unendlich großen Wert jeglichen Lebens auch in solchen Fällen geben. In einer Familie oder in einer Gemeinschaft, in der die christliche Liebe lebendig ist, findet auch eine werdende Mutter Platz, die sich als Alleinstehende in großen Nöten befindet, weil sie von ihrer eigenen Familie abgelehnt wird. Nicht selten gibt gerade eine solche spontane Hilfsbereitschaft einer Frau, die in Zweifel und Angst lebt und keinen Ausweg sieht, die Kraft, ihr Ja zum Leben ihres ungeborenen Kindes zu sagen.

Eine bezeichnende, unersetzliche Hilfe, die viele Familien leisten, besteht in der Bereitschaft, ein Kind zu adoptieren oder eine Pflegschaft zu übernehmen. Kinder, die verlassen wurden, haben meist Gewalt und traumatische Erlebnisse hinter sich und sind - selbst wenn dies in die früheste Kindheit zurückgeht - in ihrer Persönlichkeit durch den Mangel an Zuwendung beeinträchtigt. Liebe ist in diesen Fällen die erste und einzige Medizin. Sie ermöglicht dem Kind, einen eventuellen Entwicklungsrückstand aufzuholen, sie verhilft ihm zu einer menschlichen Existenz, die der Würde eines Gotteskindes entspricht.

Es gibt noch viele andere schwierige Situationen, vor die wir im Lauf des Lebens gestellt sein können. In all diesen Momenten gilt es, Ehrfurcht vor dem Leben zu haben. Wenn Gesetzgebung oder soziale Initiativen dieser Grundlage entbehren, wenn sie es an Ehrfurcht vor dem Leben des Leidenden, des Behinderten, des alten Menschen fehlen lassen, entsteht nach und nach eine unmenschliche Gesellschaft, in der nur noch ganz bestimmte Werte gelten: körperliche Gesundheit, Kraft, Leistungsfähigkeit, Macht ... Das Ziel, um dessentwillen der Staat existiert, seine Bestimmung, das Wohl des Menschen und der Gesellschaft zu garantieren, wird entstellt.

Die Gesundheit ist bekanntlich ein kostbares Geschenk, das es zu bewahren gilt. Deshalb müssen wir dafür sorgen, daß wir und auch unsere Mitmenschen uns entsprechend ernähren können und genügend Erholung finden; wir dürfen sie und uns nicht leichtfertig Krankheiten oder Gefahren aussetzen, auch nicht durch übertriebenen Sport. Auch der Leib hat ja für den Christen seine Bedeutung. Wenn für Jesus in der Eucharistie alle Jahrhunderte hindurch wundervolle Kathedralen errichtet wurden, die der Zeit standgehalten haben, dann müssen wir den Leib des Menschen, in dem Gott lebt, als Tempel Gottes behandeln. Sollte jedoch unsere körperliche Gesundheit Schaden erleiden, dann denken wir daran, daß es ein Leben gibt, das nicht von unserem Gesundheitszustand abhängt, sondern von der übernatürlichen Liebe, die in unserem Herzen brennt. Dieses höhere Leben verleiht dem Leben des Leibes auch in der Krankheit seinen Wert. Sieht man die Krankheiten ausschließlich mit menschlichen Augen, kann man sie nur als Unglück bezeichnen. Betrachten wir sie aber als Christen, erkennen wir, daß sie Prüfungen sind, durch die wir uns vorbereiten auf jene große Prüfung, die uns alle beim Übergang ins andere Leben erwartet.

Der Papst sagte einmal, die Krankheiten seien Exerzitien, bei denen Gott selbst unser Exerzitienmeister ist. Kranke Menschen besitzen einen Reichtum, den andere nicht haben, einen Reichtum besonderer Art. In der Sicht der Kirche ist die Krankheit nicht bloß eine Angelegenheit der Medizin; in der Aszetik und Mystik wird sie auch als eine von Gott geschickte Läuterung gesehen, als Stufe auf dem Weg zur Vereinigung mit Gott. Der Glaube lehrt uns, daß der Mensch in der Krankheit Anteil hat am Leiden Christi. Er ist gleichsam ein anderer Gekreuzigter, ein anderer Christus, und kann sein Leiden aufopfern für das, was den höchsten Wert darstellt: das Heil der Menschen. Im Getriebe von Beruf und Alltag sind wir manchmal versucht, die leidenden Menschen nur als Randerscheinung sozialer Bedürftigkeit zu betrachten. Wir meinen, es sei damit getan, ihnen zu helfen, die Krankheit rasch zu überwinden, damit sie bald wieder ins aktive Leben zurückkehren können. Dabei bedenken wir nicht, daß gerade ein kranker Mensch am meisten „tut“, am meisten wirken kann. Man übersieht, daß der Kranke eine besondere Aufgabe für die Gesellschaft wahrnehmen kann, wenn wir ihm Verständnis und Liebe entgegenbringen. Die Liebe hilft ihm, seinem Zustand einen Sinn zu geben. - Entsprechendes gilt für den Behinderten. Auch der Behinderte braucht Liebe. Er muß spüren, daß man den Wert seines Lebens anerkennt, daß sein Leben heilig ist wie jedes andere Menschenleben, daß er die gleiche Würde besitzt. Er muß sich als Person geachtet fühlen und im Rahmen seiner Möglichkeiten ein normales Zusammenleben mit anderen führen können.

Schließlich bedürfen auch die älteren Menschen der Liebe. Aufgrund der höheren Lebenserwartung, die der medizinische Fortschritt ermöglicht, nimmt ihre Zahl ständig zu. In der Gesellschaft gibt es die Tendenz, die Alten abzuschieben; weil sie nicht mehr leistungsfähig sind, betrachtet man sie als soziale Belastung. Man spricht von den Alten wie von einer eigenen Kategorie, fast so, als seien sie keine Menschen mehr. Der alte Mensch selbst erlebt dadurch nicht nur das Abnehmen seiner Kräfte, sondern auch ein starkes seelisches Unbehagen: Er fühlt sich abgeschoben und überflüssig. Wir müssen den älteren Menschen wieder Hoffnung geben, ist doch das Alter nichts anderes als der dritte Abschnitt im Ablauf unseres Lebens. Das Leben, das geboren wird, das Leben, das reift und wächst, und das Leben, das sich seinem Abend nähert: drei Aspekte im Geheimnis unseres Daseins, das aus Gott schöpft, aus Gott, der Liebe ist. In manchen Ländern Asiens und Afrikas erfährt der alte Mensch hohe Wertschätzung; man betrachtet ihn wegen seiner Weisheit als Meister des Lebens. Bei ihm rückt gerade das in den Vordergrund, was wesentlich, was am wichtigsten ist. Denken wir an das, was man über den Evangelisten Johannes erzählt: Als er als Achtzigjähriger die Christengemeinden besuchte und man ihn nach der Botschaft Jesu fragte, antwortete er stets: „Liebt einander!“, als hätte er sonst nichts hinzuzufügen. Doch gerade mit diesem Satz hat er den Kern der Botschaft Jesu erfaßt. - Die älteren Menschen zu übersehen bedeutet, einen Schatz zu übersehen. Wir müssen ihnen unsere Wertschätzung durch unsere Liebe zeigen, auch wenn sie krank oder schwerstkrank sind, wenn menschlich gesehen keine Hoffnung mehr besteht und ihre Pflege viel abverlangt. Vor Gott gibt es kein Leben, kein Lebensstadium, das nicht lebenswert ist. Das Leben hier auf Erden ist die Vorbereitung auf das andere Leben, das kein Ende haben wird. Wir wissen nicht, was Gott in seinen Geschöpfen wirken will, auch wenn es um die letzten Augenblicke ihrer irdischen Existenz geht. Wir betrachten daher die Euthanasie als im höchsten Maß widersinnig.

Lieben also, lieben, lieben und nochmals lieben. Denn das Leben, jedes Leben, jeder Lebensabschnitt verlangt Liebe. Der Kultur des Todes müssen wir eine Kultur des Lebens entgegensetzen. Die Welt von heute vegetiert oft aus Furcht vor dem Leben dahin; man versucht voller Eifer, Leben zu verhindern. Diese Welt braucht Liebe, sie braucht dringend eine Invasion der Liebe: innerhalb unserer Familien, zwischen den Familien, zwischen Laienbewegungen und Ordensgemeinschaften, in den verschiedenen sozialen Einrichtungen, unter allen Christen, unter Glaubenden und Nichtglaubenden guten Willens, überall: in Büros, Krankenhäusern, Schulen und Fabriken, unter Kindern, Jugendlichen und Erwachsenen. Als Gott Mensch wurde, brachte er uns die Liebe. Er, der das Leben geschaffen hat und ein neues, noch bedeutsameres Leben erstehen läßt, wußte, was nötig war, um das Leben zu erhalten: die Liebe. Am Ende unseres Lebens wird er selbst uns einzig und allein nach unserer Liebe richten. Auf sie kommt es an.

Fassen wir heute den Entschluß, aus unserem Leben einen einzigen, fortwährenden Akt der Liebe jedem Nächsten gegenüber zu machen und die gleiche Leidenschaft in möglichst vielen Menschen zu entfachen. So werden wir unseren Beitrag leisten zum Aufbau jener Gesellschaft, von der heutzutage oft die Rede ist: einer Gesellschaft im Zeichen der Liebe.

---

1 Vgl. K.H. Schelkle, Teologia del Nuovo Testamento, I - Schöpfung (Kosmos - Zeit - Mensch), Bologna 1969, S. 129.177.

2 Johannes Paul II., Ansprache an den Klerus und die Vertreter der Pfarrgemeinden (Utrecht, 12. 5. 1985).

NUR EINER IST EUER MEISTER

Eröffnungsansprache auf dem Kongreß „Familie und Erziehung“ vor Mitgliedern und Freunden der Fokolar-Bewegung (Castelgandolfo/Rom, 2. Mai 1987)

Als erstes möchte ich Sie alle sehr herzlich begrüßen, vor allem die von weit Hergekommenen.

Die heutige Tagung, zu der unsere Bewegung „Neue Familien“ eingeladen hat, steht unter dem Motto: „Familie und Erziehung“. Mein kurzes Referat soll lediglich in dieses wichtige Thema einführen, das im Laufe des Kongresses unter verschiedenen Gesichtspunkten vertieft werden soll. Ich möchte damit eine Grundlage schaffen, die - so scheint mir - für die weiteren Beiträge dienlich sein kann und ihren besonderen Wert unterstreicht.

Wenn von Erziehung die Rede ist, sind immer zwei Personengruppen gemeint: die Erzieher, die Lehrer, die zu lehren, zu erziehen haben, und die Schüler, die erzogen und ausgebildet werden sollen. Über Erzieher oder Lehrer gibt es im Evangelium ein Wort Jesu, das nachdenklich macht und wegweisend sein kann auch für die Erziehung in der Familie: „Nur einer ist euer Meister, ihr alle aber seid Brüder“ (Mt 23,8). Demnach gibt es nur einen Meister: Jesus selbst. Er lehnt damit nicht jede Form von Autorität ab, sondern weist darauf hin, daß sie nicht als Herrschafts- oder Machtanspruch verstanden werden darf; sie muß als Dienst gesehen werden. Denn wenn einer dient - und dienen bedeutet lieben -, ist nicht nur der Mensch am Werk, dann wirkt vielmehr Christus selbst durch ihn; und so bleibt Christus der erste „Lehrmeister“. Wenn Jesus der Meister ist, dann können christliche Eltern von ihm lernen, wie man erziehen soll.

Wenn wir Jesus als Lehrer betrachten, fallen uns einige wichtige Eigenschaften auf.

Jesus geht mit seinem Beispiel voran; er verkörpert selbst, was er lehrt. Er erlegt anderen keine Lasten auf, die er nicht zuvor selbst getragen hat. „Weh euch!“, ruft er aus, „ihr ladet den Menschen Lasten auf, die sie kaum tragen können, selbst aber rührt ihr keinen Finger dafür“ (Lk 11,46). Jesus tut zuerst selbst, was er von den anderen verlangt. -

Wenn wir auf ihn, auf sein Verhalten schauen, können wir zu dem Schluß kommen, daß Erziehen nicht in erster Linie im Belehren und Zurechtweisen besteht; Eltern und Erzieher sollen zuerst selbst ein echtes, entschiedenes christliches Leben führen. Sie müssen selbst tun, was sie von ihren Kindern verlangen. Wenn sie Aufrichtigkeit, Engagement, Rechtschaffenheit, Gehorsam, Nächstenliebe, rechten Umgang mit der Sexualität, Geduld und Versöhnungsbereitschaft erwarten, dann sollen die Kinder all dies zunächst bei ihren Eltern erfahren haben. Diese sollen ein Vorbild sein, an dem sich die Kinder ausrichten können.

Kennzeichnend für Jesus und auch in erzieherischer Hinsicht bedeutsam ist, daß er den Seinen konkret beisteht. Denken wir nur an sein rettendes Eingreifen in der Episode vom Seesturm (vgl. Lk 8,24). - Eltern, die ja schon natürlicherweise viel für ihre Kinder tun, werden noch viel mehr und vor allem viel besser für sie dasein können, wenn sie ihre Liebe von der übernatürlichen, der göttlichen Liebe durchdringen lassen: wenn sie mit der Liebe Gottes lieben, jener Liebe, die stets den ersten Schritt tut, ohne etwas zu erwarten. Solche Liebe läßt niemanden gleichgültig.

Jesus schenkt dem, dem er etwas vermitteln will, Vertrauen. Das zeigen seine Worte an die Ehebrecherin: „Geh und sündige von jetzt an nicht mehr!“ (Joh 8,11). Jesus glaubt daran, daß diese Frau in der Lage ist, ein moralisch einwandfreies Leben zu beginnen. - Die Eltern sollen ihren Kindern stets Mut machen, Hoffnung schenken, das Positive aufzeigen und die Gewißheit zum Ausdruck bringen, daß ein neuer Anfang möglich ist.

Jesus läßt uns die Freiheit und die Verantwortung, selbst zu entscheiden. Denken wir an seine Begegnung mit dem jungen Reichen (vgl. Mt 19,16). - Niemals dürfen wir anderen unsere Ansichten aufdrängen. Immer sollen sie ein Angebot, ein Ausdruck der Liebe sein. Unsere Kinder gehören in erster Linie Gott, nicht uns. Deshalb dürfen wir sie nicht als unseren Besitz behandeln: Sie sind Menschen, die uns anvertraut sind.

Wo es nötig ist, zögert Jesus nicht, auch entschieden und mit Nachdruck zurechtzuweisen. Als Petrus ihn überreden will, sich der Passion zu entziehen, entgegnet er ihm: „Weg mit dir, Satan, geh mir aus den Augen! ... Du hast nicht das im Sinn, was Gott will, sondern was die Menschen wollen“ (Mt 16,23). - Auch Zurechtweisungen sind nötig, sie gehören wesentlich zur Erziehung: „Wer seinen Sohn liebt, nimmt ihn früh in Zucht", heißt es in der Heiligen Schrift, im Buch der Sprichwörter (13,24). Gott selbst, der wie ein Vater und Lehrmeister das Volk der Israeliten führte, tat dies mit Weisungen und Zurechtweisungen. Auch wir müssen zurechtweisen. Tun wir es nicht, tragen wir die Verantwortung für diese Unterlassung. Eindrucksvoll sind in diesem Zusammenhang die Worte des Propheten Ezechiel: „Wenn du nicht redest ..., um den Schuldigen von seinem Weg abzubringen, dann wird der Schuldige seiner Sünden wegen sterben. Von dir aber fordere ich Rechenschaft für sein Blut" (Ez 33,8). Zurechtweisen ist also eine Pflicht der Eltern. Eine in aller Ruhe und mit innerem Abstand ausgesprochene Ermahnung weckt das Verantwortungsbewußtsein der Kinder und prägt sich ihnen ein.

Im wunderbaren Gleichnis vom verlorenen Sohn (vgl. Lk 15,11-32) zeigt uns Jesus, wie der Vater und folglich auch er sich derer erbarmt, die ihre Schuld bereuen und umkehren. - Eltern sollen sich ihren Kindern gegenüber so verhalten, wie Gott sich uns gegenüber verhält. Die Barmherzigkeit eines Vaters oder einer Mutter soll so weit gehen, daß sie wirklich vergessen kann; denn die Liebe „trägt das Böse nicht nach" (1 Kor 13,5). Immer wieder auf Fehler aus der Vergangenheit zurückzukommen entspricht nicht der Linie Jesu. So versteht man, daß solche Vorhaltungen nicht angenommen werden.

Jesus lehrt in den Synagogen, auf dem Berg, auf den Straßen Galiläas und Judäas, im Tempel von Jerusalem. Auch für die Eltern eignet sich jeder Ort zur Belehrung und Unterweisung. Die Art, wie Jesus sich mitteilt, entspricht seiner Zeit, zugleich aber liegt etwas Neues darin. Seine Sprache ist lebendig, bildreich, konkret, knapp und klar. Er vermeidet jede Weitschweifigkeit, oft faßt er in einem Satz zusammen, was er zu sagen hat. So müßten wir es auch in der Familie halten. Lange Predigten nehmen uns unsere Kinder nicht ab. Wenige Worte, von echter, uneigennütziger Liebe bestimmt, genügen.

Jesus bedient sich auch der Form des Gesprächs mit Fragen und Antworten, er gebraucht Sprichwörter und führt Auseinandersetzungen mit Schriftgelehrten und Pharisäern. - Zwischen Eltern und Kindern, gleich welchen Alters, darf das Gespräch niemals abreißen. Immer muß die Möglichkeit zum offenen Dialog wie unter Freunden gegeben sein.

In vielen Familien kommt es vor, daß Kinder sich von den Eltern und manchmal auch vom Glauben abwenden. Das geschieht auch dort, wo Eltern ein Zeugnis gelebten Evangeliums gegeben haben. Welchen

Weg auch immer die Kinder einschlagen, ob sie sich nichtchristlichen Ideologien zuwenden, Drogen nehmen oder ein Leben führen, das im krassen Widerspruch zu den sittlichen Wertmaßstäben steht, die ihnen in der Familie vermittelt wurden: die Beziehung darf niemals abgebrochen werden.

Vor allem in der säkularisierten westlichen Gesellschaft sind wichtige traditionelle Zielvorstellungen verlorengegangen. Doch gleichzeitig setzen sich andere Werte immer mehr durch: ein starkes Bewußtsein der persönlichen Freiheit, Freude am wissenschaftlichen und technischen Fortschritt, Überwindung kultureller und nationaler Barrieren; ein stärkeres Selbstbewußtsein der Frau in der Gesellschaft; ungezwungenere Beziehungen zwischen Jungen und Mädchen.

Das erfordert von den Eltern Unterscheidungsvermögen im Gespräch mit den Kindern. Die Veränderungen, die sich in unserer Gesellschaft vollzogen haben, müssen ihnen bewußt sein, und sie sollten die Zeichen der Zeit erkennen können, die in manchen Forderungen und Bedürfnissen der Jugendlichen zum Ausdruck kommen. Auch was ihre Kinder betrifft, sollen sie sich das Wort Jesu vor Augen halten: „Wer nicht gegen uns ist, der ist für uns" (Mk 9,40).

Jesus scheut sich nicht, in seinem erzieherischen Wirken die übliche Wertskala auf den Kopf zu stellen. In der Bergpredigt zum Beispiel nennt er jene selig, die das allem Anschein nach nicht sind (vgl. Mt 5,2ff). Er zeigt einen schwierigen Weg auf, der gegen den Zeitgeist und seine Verlockungen gerichtet ist. - Auch wir müssen den Mut haben, auf das hinzuweisen, was wirklich Wert hat. Bilden wir uns nicht ein, mit einem verwässerten Christentum, mit einem selbstgemachten Bild von Christus mehr Anklang zu finden. Gott macht sich bemerkbar im Herzen unserer Kinder, und diese reagieren positiv auf die Wahrheit, wenn sie ihnen in einer verständlichen und annehmbaren Form dargeboten wird. Die Eltern finden die richtige Art im Umgang mit ihren Kindern, wenn sie sich bemüht haben, die echten Bedürfnisse der jungen Generation zu verstehen und sich zu eigen zu machen.

Das Evangelium stellt uns Jesus vor, der lehrt „wie einer, der Vollmacht hat" (Mt 7,29).- Eltern müssen auf die Gnade vertrauen, die Gott ihnen zur Erfüllung ihrer Aufgabe schenkt; sie dürfen niemals darauf verzichten, Erzieher zu sein. Im Grunde ihres Herzens verlangen die Kinder danach. Deshalb kann ihr Urteil über die Eltern schonungslos sein, wenn sie feststellen, daß ihnen die Wahrheit verschwiegen wurde.

Jesus erzieht die Seinen, indem er sie „sein“ Gebot lehrt: „Liebt einander, so wie ich euch geliebt habe“ (Joh 15,12). Mit diesem „... wie ich euch geliebt habe“ erweist sich Jesus als Lehrer dieser Liebe. Sie ist auch das Wichtigste, was Eltern ihren Kindern beibringen können; denn im Liebesgebot ist das gesamte Evangelium zusammengefaßt. Vater und Mutter sollten so gut nach dem Vorbild Jesu leben, daß sie zu ihren Kindern sagen können: Kinder, liebt einander, wie wir euch geliebt haben.

Nach dem Vorbild Jesu, des Lehrers, leben, oder besser: ihn in uns leben lassen, ihm in uns Raum geben ... Wenn er in uns lebt, sind wir gute Erzieher; wenn er der Erzieher in unserer Familie ist, haben wir unsere Aufgabe vollkommen erfüllt. Das Evangelium zeigt uns, wie wir dahin kommen können, daß Jesus in uns lebt. Schon ganz zu Anfang, als wir mit unserem neuen Leben begannen, fühlten wir uns von Gott gedrängt, unser Leben zu einem göttlichen Abenteuer zu machen, ihn in uns leben zu lassen. Später ließ uns der Heilige Geist verstehen, wie dies Wirklichkeit werden konnte. Nach und nach gab er uns jene Ideen ein, aus denen heraus sich dann die Spiritualität der Einheit entwickelt hat. Wer heute diesen Weg beschreitet, weiß, wie er sich verhalten muß, damit Jesus in ihm leben kann: nicht den „alten“, sondern den „neuen“ Menschen in sich leben lassen; auf übernatürliche Weise lieben; von sich selbst absehen und eventuelle Hindernisse mit der Liebe zum gekreuzigten und verlassenen Jesus überwinden; nicht für sich, sondern im anderen leben; sich in ihn hineinversetzen, sich mit ihm in allem einsmachen, ausgenommen in der Sünde ... Auf diese Weise gewinnt Jesus in uns Raum. Die Gegenwart Jesu, die uns bereits durch die Gnade geschenkt ist, verstärkt sich, wenn wir dieser Gnade entsprechend leben. Wenn wir uns so ausrichten, lebt Jesus, der Lehrmeister, in uns.

Jesus will aber auch unter uns in der Familie leben. Hier geht es um die Gegenwart Jesu inmitten unserer Familie, die in der Einheit erfahrbar wird, dort, wo zwei oder mehr in seinem Namen beisammen sind (vgl. Mt 18,20). Jesus zwischen Mann und Frau, Mutter und Sohn, zwischen Vater und Tochter, zwischen Mutter und Großvater oder Tante ... Wenn zwischen zwei oder mehr Familienmitgliedern Jesus zugegen ist, kommt er als Lehrer und Erzieher noch stärker zum Tragen.

Damit diese kostbare Gegenwart Jesu unter uns stets lebendig bleibt, müssen wir uns jeden Tag neu um sie bemühen, vor allem, wenn sie gefährdet oder belastet ist. Dazu gehört, daß wir den anderen Familienmitgliedern immer mit Offenheit begegnen; denn für jemanden, der in einer Familie lebt, sind sie die ersten Nächsten, denen seine Liebe gelten muß.

Ganz gleich, in welcher Weise wir der Fokolar-Bewegung angehören, das Charisma der Einheit drängt uns dazu, diese Urzelle der Gesellschaft zu einem „Fokolar“[1] werden zu lassen. Das ist unsere charakteristische, spezifische Berufung. Wir heiligen uns nur, wenn wir dieses Ziel anstreben. Gerade weil wir - zumindest geistigerweise - alles hintangestellt haben, um Jesus zu folgen („Wenn jemand zu mir kommt und nicht Vater und Mutter, Frau und Kinder, Brüder und Schwestern, ja sogar sein Leben gering achtet, kann er nicht mein Jünger sein“, Lk 14,26), hören wir nun, wie er selbst sagt: Du liebst mich nicht, wenn du nicht in erster Linie deine Familie liebst.

Ob wir nun allein oder zu mehreren in unserer Familie unser Ideal leben: Jesus, der Lehrmeister, wird anwesend sein. Und die Kinder, die in solchen Familien aufwachsen, nehmen mit dem Leben, das die Eltern ihnen schenken, sozusagen mit der Muttermilch, mit der Nahrung, mit der Liebe und Pflege, die ihnen durch diese erste Zelle der Gesellschaft zuteil werden, viele Gedanken Jesu auf, Gedanken des Evangeliums. Wenn sie dann heranwachsen, wird ihr Denken von ihm geprägt, und sie lernen, die Menschheit als die große Familie der Kinder Gottes zu sehen. Sie werden keinem System blind Glauben schenken, sondern sich am Evangelium orientieren. Sie werden nur von solchen Beziehungen überzeugt sein, denen das „Neue Gebot“ Jesu zugrunde liegt. Sie werden „neue“ Kinder sein. So wird das in der Taufe empfangene göttliche Leben verstärkt, und die Eltern tragen dazu bei, daß jene Gnaden wirksam werden, die ihnen aus dem Ehesakrament zukommen - zum Wohl der Kinder. Als „Mitarbeiter Gottes“ wirken sie mit an der Entwicklung und zur Entfaltung ihrer Kinder.

Erziehen, die Kinder und die ganze Familie umwandeln, sie zu einer dynamischen „Kirche im kleinen“ machen, die offen ist für die Menschen um sie herum und deren Bedürfnisse; die Kinder dahin führen, daß sie nicht nur an sich selbst denken, sondern für die anderen da sind: das sind sehr hohe Ziele, die manchmal unerreichbar scheinen. Doch wir dürfen sie niemals aufgeben: Im Gegenteil, wir müssen sie voll Vertrauen stets vor Augen haben.

Es kann hilfreich sein, auf den Weg zu schauen, den der Heilige Geist die Fokolar-Bewegung geführt hat, um zur Verwirklichung der Einheit aller beizutragen. In unserer Bewegung haben auch Angehörige anderer Religionen ihren Platz gefunden sowie Menschen, die sich zu keinem Glauben bekennen. Wir versuchen sie zu lieben wie uns selbst. Wir freuen uns, wenn sie spontan Verpflichtungen übernehmen wollen, um zu unserer großen Familie zu gehören. Wir lassen sie teilhaben an unseren materiellen und geistigen Gütern. Wir sind „Werk Mariens" (wie der offizielle kirchliche Name lautet), weil sie dazugehören; ohne sie wären wir nicht wir selbst.

Das Gleiche müßte für unsere Familien gelten. Menschen, die unserem Lebensideal oder überhaupt jedem christlichen Ideal fern sind, Menschen mit einer anderen Weltanschauung oder Religion sollen wir nicht nur aus einer rein menschlichen Liebe heraus, sondern aus einer übernatürlichen, göttlichen Liebe aufnehmen. Wir müssen das Positive hervorheben, das sie in die Familie einbringen können; wir müssen lernen, die guten Ideen, die - vielleicht neben manchen weniger guten - ihr Leben bestimmen, ins Licht zu rücken. Sie sollen soweit wie möglich teilhaben können an den geistigen und materiellen Gütern der Familie. Wir möchten tun, was in unserer Kraft steht, um sie unsere Liebe erfahren zu lassen. Dann werden sie - auch wenn sie das Licht des Glaubens noch nicht in sich aufgenommen haben - unsere Liebe in irgendeiner Weise erwidern, und die Familie wird zu einem Ausdruck des „Werkes Mariens".

Die Familie zu einer kleinen Zelle des Werk Mariens oder zu einer „Hauskirche" werden lassen bedeutet, sich immer am Vorbild der Familie von Nazareth auszurichten, an jener Familie, die auf konkrete und göttliche Weise mit Jesus in ihrer Mitte gelebt hat. Dieses Meisterwerk einer Familie kam dadurch zustande, daß jeder von ihnen die anderen auf übernatürliche Weise liebte, das heißt um Gottes und nicht um seiner selbst willen. Maria, wahre Mutter Jesu und Braut Josefs, liebte beide nicht um ihretwillen, sondern aus Liebe zu Gott. Josef liebte Maria nicht aus Eigenliebe, sondern aus Liebe zu Gott, wie er Jesus aus Liebe zu Gott liebte, obgleich er sein Pflegevater war. Darum geht es: lieben um Gottes willen. Wenn wir uns immer wieder auf Jesus in seiner Verlassenheit ausrichten, wird unsere Liebe gereinigt von allen menschlichen Anhänglichkeiten.

Wir könnten alle Elemente unserer Spiritualität durchgehen und aufzeigen, wie hilfreich sie für das Familienleben sind ... Wenn wir sie leben, können wir den Lehrer par excellence in unserer Familie haben. Fassen wir neu den Entschluß, alles daranzusetzen, daß er unter uns sein kann. Auf dieser Grundlage erhält auch alles, was im Verlauf des heutigen Tages an wissenschaftlichen Erkenntnissen und Erfahrungen im pädagogischen Bereich vorgetragen wird, seinen Stellenwert.

In einer Zeit, in der reife und heilige Laien gefragt sind, können gerade geeinte Familien das Reich Gottes in die Welt tragen. Und wenn eine Familie sich öffnet für andere, für die Menschheit, gewinnt sie selbst an Schönheit, Einheit und Heiligkeit. Maria möge uns viele vereinte Familien schenken, zum Wohl der Gesellschaft und der Kirche.

---

1 Der Begriff „focolare“ bezeichnet ursprünglich die häusliche Feuerstelle, um die sich die Familie versammelt; er steht für Wärme und Licht und kann auch die Familie selbst meinen. Der Volksmund benannte mit diesem Wort die um Chiara Lubich entstehende Gruppe (vgl. hierzu auch die Ausführungen Chiara Lubichs im Gespräch mit Margaret Coen, oben S. 13f).

DIE FAMILIE UND DAS GEBET

Eröffnungsansprache auf einem Kongreß der Bewegung Neue Familien (Castelgandolfo/Rom, 6. April 1989)

Das Leitwort unseres Kongresses lautet: „Familie und Gesellschaft: verwurzelt in Gott - im Dienst am Menschen".

Verwurzelt in Gott. Im Folgenden möchten wir ein wenig darüber nachdenken, wie die Familie zu Gott steht oder besser: stehen sollte. Die Beziehung zu Gott kann mit einem Wort als „Gebet" umschrieben werden; *die Familie und das Gebet* soll also unser Thema sein. Es ist höchst aktuell und anspruchsvoll und von grundlegender Bedeutung für die Familie, wenn sie heutzutage ihre Aufgabe wirksam erfüllen will. Um diese Thematik umfassender zu behandeln, werfen wir vorab einen Blick auf die Lage der Familie heute und auf die Bedeutung, die das Gebet im allgemeinen für den Menschen hat.

Die Familie ist heute immer massiver einem Frontalangriff ausgesetzt. Der Verfall traditioneller Werte, der theoretische und praktische Materialismus, Konsumdenken und Genießen-Wollen stellen eine derartige Bedrohung für die Familie dar (wenn sie nicht bereits zerstört ist), daß viele Zeitgenossen sich fragen, welchen Sinn die Familie eigentlich hat, welche Bedeutung ihr zukommt. Soziologen, Erzieher, Politiker, Philosophen und andere könnten aus ihrer Sicht etwas dazu sagen. Uns Christen liegt, so denke ich, vor allem daran, zu begreifen, wie Gott die Familie sieht, welchen Platz er ihr gibt.

Um dies zu verstehen, genügen wenige Überlegungen: Als Gott das Menschengeschlecht schuf, bildete er eine Familie; als das Wort Gottes auf die Erde kam, sollte es in einer Familie geboren werden; sein öffentliches Leben begann Jesus auf einer Hochzeitsfeier, bei der Gründung einer neuen Familie. Welche Bedeutung die Familie in den Augen Gottes hat, wie sehr sie ihm am Herzen liegt, zeigt sich nicht zuletzt darin, daß er sie in einer Weise geschaffen hat, daß sie den Stempel seiner selbst trägt: Die Familie spiegelt das Leben Gottes, das Leben der Dreifaltigkeit, wider. Er, der Liebe ist, hat sich die Familie als Geflecht, als Zusammenspiel der Liebe erdacht: die eheliche Liebe zwischen den Ehepartnern; die mütterliche und väterliche Liebe zu den Kindern; die

Liebe der Kinder zu den Eltern; die Liebe der Großeltern zu den Enkeln, der Enkel zu Großeltern, Tanten und umgekehrt. Ein Hort, ein Juwel, ein Geheimnis der Liebe ist die Familie.

So stellt sich die Familie im Schöpfungsplan Gottes dar. Als sein Sohn die Welt erlöste, hat er die natürliche Liebe unter den Familienmitgliedern erhöht durch jene göttliche Liebe, die er auf die Erde gebracht hat. Er spricht vom Feuer, von dem er will, daß es überall brenne.

Dadurch ist die Familie nicht nur die von Gott geschaffene Urzelle der Menschheit, sondern auch Grundbaustein der Kirche, die der Sohn gegründet hat. Durch die göttliche Liebe, mit der sie durch die Taufe und die anderen Sakramente, speziell auch durch das Ehesakrament, „bekleidet" sind, sind sie als einzelne wie auch gemeinsam zu einer außerordentlich großen Aufgabe berufen: die Familie zu einer „Kirche im kleinen", zu einer „Hauskirche" zu machen.

Ein Wort über die Bedeutung des Gebets im allgemeinen. Vielleicht haben wir nie in Betracht gezogen, wie wesentlich, wie grundlegend das Gebet für den Menschen, für sein Menschsein ist. Der Mensch ist als Abbild Gottes geschaffen; er hat die Möglichkeit, vor Gott hinzutreten - als Geschöpf vor den Schöpfer, gewiß, aber auch als Gegenüber, als „Du" Gottes. Er kann mit Gott in Beziehung treten und Gemeinschaft mit ihm haben. Diese Möglichkeit ist kennzeichnend für den Menschen, sie gehört wesentlich zu seinem Menschsein. Darin zeigt sich, wer der Mensch eigentlich ist. Er ist nicht wirklich er selbst, wenn er diese spezifische Berufung nicht realisiert. Die Beziehung zu Gott pflegen, mit ihm in Gemeinschaft sein, das nennen wir beten. Der Mensch entspricht darum nur dann ganz dem Entwurf Gottes, wenn er betet.

Daß die Berufung zum Gebet für den Menschen grundlegend ist, wird offensichtlich, wenn wir an Angehörige der verschiedensten Religionen denken. Instinktiv wenden sich alle an Gott oder ein höheres Wesen. Wer Brüder und Schwestern aus anderen Religionen kennenlernt, entdeckt bei ihnen herrliche Gebetstexte. Sie zeugen vom verborgenen, aber machtvollen Wirken Gottes, der den Menschen zum Beten bewegt. Doch wir brauchen gar nicht in die Ferne zu schweifen: Auch in unserer entchristlichten Welt, wo nicht mehr Gott, sondern der Mensch oder Wissenschaft, Technik und Fortschritt im Mittelpunkt des

Lebens stehen, ist eine Rückkehr, eine Sehnsucht nach dem Gebet zu verzeichnen, vor allem unter Jugendlichen. Das ist ein Zeichen, daß zu jeder Zeit die wahre Natur des Menschen durchbricht: Er ist Abbild Gottes.

Das Gebet ist sicher grundsätzlich etwas Persönliches. Doch wir würden irren - besonders als Christen -, wenn wir es darauf beschränkten; denn im Mystischen Leib Christi sind wir alle miteinander verbunden. Der Vergleich mit den kommunizierenden Röhren vermag dieses Geheimnis vielleicht ein wenig zu erhellen: Wenn man in eine Röhre Wasser gießt, steigt der Wasserspiegel gleichmäßig in allen anderen Röhren, die mit ihr verbunden sind. Ähnlich ist es beim Beten: Wenn sich einer im Gebet zu Gott erhebt, wirkt sich das entsprechend auf die anderen aus. So sehr das christliche Gebet etwas Persönliches ist, so sehr betrifft es doch immer auch die Gemeinschaft, die Kirche. Dies gilt für jedes Gebet, besonders aber für die verschiedenen Formen des liturgischen Gebets. Dies ist der Höhepunkt christlichen Betens, denn in ihm betet die Kirche.

Nach diesen Vorbemerkungen zur Familie und zum Gebet allgemein betrachten wir nun das Beten in der Familie. Die Familie ist der erste Ort, die erste Schule des Gebets. Von klein auf muß in den Kindern der Sinn für Gott geweckt werden, müssen wir ihnen beibringen, Gott zu verehren. Von dem, was man in der Familie gelernt hat, zehrt man das ganze Leben. Wo die Familie nicht beten lehrt, läßt sich diese Lücke später nur schwer ausfüllen. Bekanntlich sind die ersten drei Lebensjahre für die Entwicklung des Kindes grundlegend, und dies gilt auch im religiösen Bereich. Darum ist es wichtig, dem Kind in dieser Phase besondere Aufmerksamkeit zu schenken. Ob die Welt in Zukunft vom Evangelium geprägt sein wird, hängt also zum großen Teil von der „Hauskirche", von der Familie, ab.

Damit die Kinder von den Eltern lernen, zu Gott zu beten, müssen sie zuerst seine Wirklichkeit entdecken, erfahren, daß Gott existiert, daß er da ist. Die Eltern haben außerordentliche Möglichkeiten, ihre Kinder zu dieser Erkenntnis zu führen; sie können Gott bezeugen: „Sie sollen eins sein" - in der Liebe, in der Wahrheit -, sagt Jesus im Evangelium, „damit die Welt glaubt" (Joh 17,21). Die Christen sollen einander lieben, damit in den anderen das Licht des Glaubens aufstrahlt. Wenn selbst skeptische, materialistisch denkende und festgefahrene Erwachsene von der Einheit in Christus, von unserer gegenseitigen Liebe innerlich angerührt werden und zum Glauben finden, wieviel stärker wird ein solches Zeugnis auf unsere Kinder wirken, die noch viel offener sind! Sie werden dadurch allmählich verstehen, daß es jemanden gibt, der alle mit seiner Liebe umfängt, und ihm voll Vertrauen Geist und Herz zuwenden. Eltern, die sich tagtäglich um die gegenseitige Liebe bemühen - um eine Liebe, die ihre menschliche Liebe in Gott verankert, stärkt und festigt -, bahnen sich den Weg zum Herzen ihrer Kinder und hinterlassen dort Spuren, die spätere Ereignisse nicht mehr auslöschen können.

Diese gegenseitige Liebe muß freilich in der rechten Weise gelebt werden, damit sie wirklich dem Wunsch Jesu entspricht. Er möchte, daß die Ehepartner einander nicht nur als Menschen sehen und lieben, die das Leben miteinander teilen, sondern daß ein jeder von ihnen Christus im anderen liebt. Jesus erachtet ja alles, was man dem anderen tut, als für sich selbst getan. Das Maß dieser Liebe zu Jesus im Ehepartner wird uns in dem Wort gegeben: „Liebt einander, wie ich euch geliebt habe“ (Joh 13,34), das heißt: Liebt einander in der Bereitschaft, das Leben für den anderen zu geben. Wenn den Eltern dieses Gebot den ganzen Tag vor Augen steht - beim Gebet, bei der Arbeit, bei Tisch, beim Ausruhen, wenn sie mit den Kindern lernen, spielen, lachen -, dann kann jeder Moment ein Zeugnis für Gott werden. Und da dieses Zeugnis auch Opfer beinhaltet, werden die Eltern noch mehr zu einem Anziehungspunkt für die Kinder. „Wenn ich über die Erde erhöht bin, werde ich alle zu mir ziehen“ (Joh 12,32), sagt Jesus. So werden die Eltern Vorbilder für ihre Kinder, an denen diese sich orientieren.

Wenn Eltern gemeinsam beten und dies auch in ihrer äußeren Haltung zum Ausdruck bringen, werden die Kleinen sie darin nachahmen. Auch sie werden beginnen, sich hinzuknien, ein Kreuzzeichen zu machen, die Worte der Eltern nachzusprechen, zunächst vielleicht ohne zu verstehen, einfach um es ihnen gleichzutun. Irgendwann kommt dann der Moment, in dem man sie das eine oder andere einfache Gebet sprechen lehrt. Diese kurzen Kindergebete sind der Anfang ihres Sprechens mit Gott. Mit den Jahren bringt man den Kindern auch bestimmte vorformulierte Gebete bei. Den Eltern muß diese Aufgabe ein ernstes Anliegen sein. Erinnern wir uns an den inständigen Aufruf Pauls VI.: „Mütter, lehrt ihr eure Kinder die christlichen Gebete? ... Und ihr, Väter, versteht ihr, mit euren Kindern zu beten, mit der ganzen Hausgemeinschaft, wenigstens ab und zu? Euer Beispiel ..., von Zeit zu Zeit unterstützt durch ein gemeinsames Gebet, bedeutet eine Lehre fürs Leben, ist ein Frömmigkeitsakt von einzigartigem Wert."[1]

Auf diese Weise entwickelt sich das Gebet in der Familie und wird zu einer kostbaren Gewohnheit.

Das Gebet in der Familie ist ein ganz besonderes Gebet, anders als irgendein persönliches. Es hat eine außerordentliche Wirkung. Denen, die gemeinsam, in seinem Namen vereint, beten - vorausgesetzt, die Kinder haben gelernt, die anderen in der Familie zu lieben, wie die Eltern es tun -, verspricht Jesus ja seine Gegenwart: „Wo zwei oder drei in meinem Namen versammelt sind, dort bin ich mitten unter ihnen" (Mt 18,20). Er ist da, er betet mit der Familie, in der Familie; Jesus selbst, der Allmächtige, der alles vermag. Und wenn er bittet, wie könnte ihn der Vater nicht erhören? So wird die Familie sehr bald das Eingreifen der Vorsehung Gottes erfahren; ihr Glaube wächst und damit auch die Wertschätzung des Gebets.

Jesus hat uns zum Beten zwei Weisungen gegeben, an die sich auch jede Familie halten sollte. Einmal forderte er uns auf: „Wenn ihr betet, sollt ihr nicht viele Worte machen" (Mt 6,7); und ein andermal: „Betet allezeit!" (Lk 21,36). Auch wenn es auf den ersten Blick so scheinen könnte, besteht zwischen diesen Aufforderungen kein Widerspruch.

Die Weisung, „nicht viele Worte zu machen", können wir auf die verschiedenen Momente während des Tages beziehen, in denen ein Gebet in der Familie angebracht ist. Die christliche Tradition kennt dazu viele geeignete Gebete. Ohne sie alle aufzuzählen, gehen wir kurz auf ihre Bedeutung ein.

Morgens beim Aufwachen wenden wir uns im Gebet an unseren Vater im Himmel, an Jesus und an Maria und tauchen ein in jene übernatürliche Wirklichkeit, in die wir durch die Taufe eingegliedert sind. Es ist gut, unseren Tag Gott zu schenken. Wir sollen Gott ja lieben, und Liebe bedeutet schenken. Schenken wir Gott also jeden Morgen den neuen Tag.

Während des Tages, wenn wir von den Angelegenheiten dieser Welt, von Arbeit, Studium und Freizeitgestaltung, in Anspruch genommen sind, ist es unbedingt notwendig, als christliche Familie den Mut aufzubringen, sich dem äußeren Getriebe zu entziehen und einige Minuten dem zu widmen, „was im Himmel ist“, wie Paulus sagen würde (Kol 3,1). Wir müssen in die Welt des Glaubens eindringen, kurz: ein wenig meditieren oder - wie unsere Jugendlichen sagen - „in die Tiefe gehen“. Man kann in der Heiligen Schrift, vor allem im Evangelium lesen. Wir halten einen Augenblick inne bei dem einen oder anderen Punkt, der uns besonders anrührt, und fassen einen praktischen Vorsatz für unser Leben. Grundlegend ist bei diesem Gebet, daß wir wirklich in Kontakt treten mit Gott und daraus Licht und Kraft schöpfen.

Früher beteten viele Familien auch den Rosenkranz. Er ist eine Hilfe, täglich die Geheimnisse des Glaubens zu überdenken. Immer wieder wendet man sich an Maria mit dem Lobpreis: „Gegrüßt seist du, Maria, du bist voll der Gnade, ... du bist gebenedeit unter den Frauen ...“ - Wer liebt, wird niemals müde, dem geliebten Menschen Worte der Liebe zu sagen. Auch heute empfiehlt die katholische Kirche das Rosenkranzgebet. Ob wir den Rosenkranz ganz oder in Teilen beten, wichtig ist, daß wir innerlich in Beziehung treten zu ihr, die uns Weg und Tür zu Gott ist. Maria, die selbst auch Familienmutter war, kann jeder christlichen Familie Hoffnung geben.

Am Abend vor dem Schlafengehen ist, ähnlich wie am Morgen, wiederum ein kurzes Gebet in der Familie angezeigt. Wir danken Gott für den nun vergangenen Tag. Wir überdenken ihn kurz, bereuen unsere Fehler und nehmen uns vor, es am nächsten Tag besser zu machen.

Das sind einige Gebete, die man während des Tages in der Familie sprechen kann. Selbstverständlich steht es jedem offen, entsprechend seiner Möglichkeiten weitere Gelegenheiten wahrzunehmen. Man könnte zum Beispiel einen kurzen Besuch in einer Kirche machen und mit Jesus in der Eucharistie, der so oft allein ist, sprechen. Bei irgendwelchen Nöten oder besonderen Anlässen wird die Familie gewiß einen Weg finden, Gott gemeinsam um Hilfe anzurufen: um den guten Ausgang einer Prüfung, für eine Geburt, für ein krankes Familienmitglied, für die Lösung eines finanziellen Problems, für die Überwindung einer inneren Krise ... Jesus hat versprochen: „Bittet, dann wird euch gegeben; sucht, dann werdet ihr finden; klopft an, dann wird euch geöffnet“ (Mt 7,7). Und auf sein Wort ist Verlaß.

Die Sonntagsmesse schließlich ist der Höhepunkt allen Betens. Am Tag des Herrn vereint sich die Familie, die „Hauskirche“, mit der christlichen Gemeinde, um das Wort Gottes zu hören, am Brotbrechen und am Kelch Christi teilzunehmen und die Gemeinschaft mit Jesus in der Eucharistie in der Gemeinschaft mit den Brüdern und Schwestern fortzusetzen. Die Messe sättigt die Herzen der Familienmitglieder und erfüllt sie mit Frieden.

Immer möchten wir Jesus etwas schenken, das seiner würdig ist. Doch in aller Regel steht das, was wir ihm geben können, in keinem Verhältnis zu seiner Größe. Da ist der Gedanke tröstlich, daß wir dem Vater in der Messe gemeinsam mit dem Priester Jesus selbst mit seinem unendlich kostbaren Leiden darbringen. Wir können unser Leid mit dem seinen vereinigen, um den Vater anzubeten, ihn in würdiger Weise zu lieben, zu loben und zu verherrlichen, um ihm zu danken, ihn um Gnaden und um Vergebung für unsere Fehler zu bitten.

Wir sollen nicht viele Worte machen, sagt Jesus, aber er trägt uns auch auf, „allezeit zu beten und darin nicht nachzulassen“ (vgl. Lk 18,1). Wie läßt sich das in der Hektik des Alltags verwirklichen? Dadurch, daß wir aus jeder Handlung eine Tat der Liebe zu ihm machen und möglichst jeder Handlung ein „Für dich!“ vorausschicken, wie manche Heilige empfehlen. „Allezeit beten“ heißt ja nicht, die Zahl unserer Gebete zu vermehren, sondern uns selbst und unser ganzes Leben auf Gott auszurichten: nur für ihn lernen und studieren, nur für ihn arbeiten, sich abmühen, ausruhen, leiden und auch allein für ihn sterben. Es bedeutet, alles möglichst gut zu tun, im Bewußtsein, daß wir dadurch am Schöpferwirken Gottes und am Erlösungswerk Christi teilhaben und zur Verwirklichung der Pläne Gottes mit der Welt beitragen. Unser ganzes Tun wird so zu einer heiligen Handlung. Diese Art zu beten stößt heute auf große Resonanz; denn in unserer Zeit sieht man, wie die Erde und der ganze Kosmos in einer steten Evolution begriffen sind, und der Mensch sieht es als seine Aufgabe, sich die Erde untertan zu machen (vgl. Gen 1,28). Besonders durch diese Form des Betens erfüllen wir Jesu Gebot, allezeit zu beten (vgl. Lk 21,30).

Wichtig ist ferner, gut zu beten. Wir sollten dem Gebet immer ein paar Sekunden der Sammlung vorangehen lassen und uns ins Bewußtsein rufen, vor wen wir hintreten wollen. Sprechen wir die Worte, die die Kirche uns lehrt, bewußt aus, machen wir sie uns ganz zu eigen und sprechen wir sie aus ganzem Herzen. Wir sollten auch das freie Beten pflegen, bei dem wir Jesus unsere geheimsten Dinge anvertrauen; wir können ihm sagen, wie sehr wir ihn lieben möchten, wie sehr wir seine

Hilfe brauchen, welche Schwierigkeiten, Hoffnungen, Pläne wir haben. Und beten wir voll Glauben! „Wenn ihr Glauben habt und nicht zweifelt ... und zu diesem Berg sagt: Heb dich empor und stürz dich ins Meer!, wird es geschehen" (Mt 21,21).

Soweit einige Gedanken über das Gebet in der Familie. Wenn nicht alles zu verwirklichen ist, tun wir, was möglich ist. Wenn sich nicht die ganze Familie zum Gebet zusammenfinden kann oder möchte, beten wir mit denen, die dazu bereit sind. Auf jeden Fall sollte das Gebet seinen Platz in der Familie haben oder wiedererlangen. Die Familie als solche hat - vor allem heute - den Schutz des Himmels nötig.

Ich möchte noch eine Überlegung und eine Anregung anfügen. Unser Leben ist heute wie nie zuvor von einer Unmenge äußerer Faktoren und Einflüsse bestimmt. Wir werden überflutet mit Unterhaltung, Information, Bildern; Fernsehen, Radio, Telefon, zahllose Geräusche betäuben uns. Ob wir wollen oder nicht, wir alle sind mehr oder weniger den vielen Stimmen ausgesetzt, die dauernd an unser Ohr dringen. Es ist unmöglich, sich dem Einfluß der vielfältigen Ideen, die die Massenmedien verbreiten, zu entziehen. Wie schwierig ist es, diesem „Bombardement" zu entgehen, ihm nicht zu erliegen und sich nicht davon einnehmen zu lassen. Um dennoch ein wenig Zeit für das Gebet zu finden, braucht es Verstand und guten Willen, der durch den Glauben gestärkt wird. Ferner ist es wichtig, den Eingebungen des Heiligen Geistes zu folgen, der es zu keiner Zeit unterläßt, den Menschen beizustehen, und der gerade auch dem Menschen von heute den Weg weist.

Wir leben in einer Zeit, in der in der Kirche die Aufgabe der Laien in den Vordergrund gerückt ist. Die letzte Bischofssynode befaßte sich eingehend mit diesem Thema, und das Apostolische Schreiben „Christifidelis laici" stellt fest, daß der Heilige Geist gerade heute mit besonderer Liebe auf die Laien schaut. Ein Beispiel dafür ist, daß er geistliche Bewegungen ins Leben gerufen hat, deren Spiritualität speziell auf den Laien zugeschnitten ist. Diese Spiritualitäten wollen den Laien zu einer stärkeren Einheit mit Gott führen, ohne ihn aus dem Umfeld, in dem er lebt, herauszureißen. Sie verlangen keine besonderen Bußübungen, kein langes Fasten als Gewähr für echtes Christsein. Sie zeigen ihm vielmehr einen Weg zu Gott gerade dort, wo er lebt, mitten in der Welt, Seite an Seite mit all seinen Mitmenschen.

Diese Spiritualitäten betonen den Kern des Christentums: die Liebe zu den Brüdern und Schwestern aus Liebe zu Christus. Denn darin besteht die Erfüllung des Gesetzes. Diese Liebe lehren sie und spornen dazu an, die liebende Beziehung zum anderen jedesmal, wenn sie unterbrochen wurde, wiederherzustellen. Denn sonst ist Gott nicht einmal die Gabe am Altar wohlgefällig. Wir sollen diese Liebe ständig üben und mit jedem, der uns begegnet, Schmerzen, Mühen, Ängste, Sorgen und auch Freuden teilen. Diese Liebe muß der Sinn unsres Lebens werden. Dann wirkt Gott Wunder: Laien, die sich so einsetzen, die sich den ganzen Tag über bemühen, ihre Brüder zu lieben, ohne an sich selbst zu denken, finden Gott, sobald sie sich innerlich zum Gebet sammeln. In der Tiefe ihres Herzens begegnen sie ihm, und er ruft sie zu einer tiefen Vereinigung mit ihm selbst. Es kommt zu einem spontanen, liebenden Zwiegespräch mit dem, von dem man sich geliebt fühlt. Diese wunderbare Erfahrung kann jeder machen. Es ist wie bei einer Pflanze: Je tiefer die Wurzel ins Erdreich vorstößt, desto höher wächst die Pflanze nach oben. Je mehr wir uns in den anderen hineinversetzen, Leid und Freude mit ihm teilen, desto mehr vereinigt sich die Seele mit Gott.

Einerseits gibt es also in unserer Gesellschaft Kräfte und Impulse, die den Menschen hineinziehen in jene Welt, die ihn von außen umgibt. Oft besteht sie aus lauter Nichtigkeiten, die ihn geradezu betäuben und seine Kreativität und Phantasie absterben lassen; er wird zum Gefangenen billiger Glücksangebote, die sich schließlich als Illusion erweisen. Andererseits gibt es eine innere Kraft, die den Menschen drängt, in sich hineinzuhorchen, eine Kraft, die ihn gegen den Geist der Welt feit und ihn zu einem Gebet besonderer Art ruft. Sie schenkt ihm einen Frieden, den die Welt nicht kennt, eine Freude, mit denen die Freuden der Welt nicht zu vergleichen sind, Tröstungen, die jede Sehnsucht stillen.

So bleibt der Wunsch, daß die Familie, diese kleine Kirche von Laien, lernt, auch diese neuen Wege einzuschlagen, die der Heilige Geist heute aufzeigt, um uns zu Gott zu führen; daß sie dahin kommt, die unvergleichlichen Wirkungen der Liebe zu erfahren. Wenn sie diese Erfahrung macht, gewinnt jedes Gebet, das sie spricht, eine neue Tiefe. Dann wird die Familie immer mehr Gott gehören, und er kann seine Pläne mit ihr verwirklichen. Dazu gehört auch ihre Öffnung auf andere Familien hin, auf viele andere, damit alle zusammen immer mehr die große Familie der Kinder Gottes bilden: eine Familie, in der alle miteinander verbunden sind durch die Liebe, die Jesus auf die Erde gebracht hat -

als Zeichen dafür, wie die Menschheitsfamilie als ganze sein sollte. Maria, die uns in ihrer Hingabe an Gott Vorbild ist, möge auf all unsere Familien schauen, sie mit ihrer Mutterliebe umgeben und ihrer eigenen Familie ähnlich machen, der heiligsten Familie, die je existiert hat: Maria mit ihrem Sohn Jesus und ihrem Bräutigam Josef.

---

1 Ansprache bei der Generalaudienz (Rom, 11. 8. 1976).

DIE FRAU - IHR BEITRAG ZU FRIEDEN UND EINHEIT

Rede anläßlich einer nationalen Tagung über das Apostolische Schreiben „Mulieris dignitatem“ über Würde und Berufung der Frau (Roccaporena, 1. Juni 1989)

Bei dieser Begegnung wollen wir das Apostolische Schreiben „Mulieris dignitatem“ vom 15. August 1988 *Über die Würde und Berufung der Frau* betrachten, das von verschiedenster Seite Anerkennung erfahren hat. In diesem bedeutenden Schreiben beleuchtet Johannes Paul II. Wesen und Stellung der Frau in einer Weise, wie es - so scheint mir - seit Jesus niemand mehr getan hat. Im Lichte dieses Dokuments möchte ich etwas sagen über den Beitrag der Frau für Frieden und Einheit. Wer ist die Frau aus der Sicht von *Mulieris dignitatem*? Dieser Frage soll in den kommenden Tagen nachgegangen werden. Hier nur einige Andeutungen.

Der Papst verdeutlicht die ursprüngliche Identität und Berufung der Frau vom Wort Gottes selbst her. Im Durchgang durch die Heilsgeschichte vom sogenannten „Protoevangelium“ im Buch Genesis bis zur Offenbarung des Johannes und auf der Grundlage der biblisch-theologischen Sicht des Menschen beschreibt er, wer die Frau im universalen Heilsplan Gottes mit der Menschheit ist, so wie Gott ihn uns geoffenbart hat und in der Geschichte verwirklicht. In seinem Schreiben erinnert der Papst zunächst an die Gestalt Marias, der Mutter Gottes, der *Theotokos* (vgl. MD 4f), und macht bewußt, zu welcher außergewöhnlichen Würde Gott in ihr die Frau erhoben hat. Die Verbundenheit mit Gott, zu der alle Menschen berufen sind, hat sich in Maria in herausragender Weise erfüllt; so vertritt Maria, „die Frau“, das ganze Menschengeschlecht. In diesem Sinn ist sie Urbild jedes Menschen, gleich, ob Mann oder Frau. Andererseits verwirklicht sich in der Gottesmutter auch „eine Form der Verbundenheit mit dem lebendigen Gott ..., die nur der ‚Frau‘, Maria, zukommen kann: die Verbundenheit zwischen Mutter und Sohn“. Maria wurde „die Fülle der Vollkommenheit“ auch in dem gewährt, „was kennzeichnend für die Frau ist, was das typisch Frauliche ist“ (MD 4f). Darum ist sie in besonderer Weise das Urbild der Frau. Diese Wirklichkeit „Frau - Gottesmutter“ sollte nach Ansicht des Papstes Grundlage jeder Betrachtung über die Frau sein.

Anhand der Texte der Genesis über den Ursprung der Menschheit, die für die gesamte christliche Anthropologie grundlegend sind, zeigt Johannes Paul II. die großartige Bestimmung, die Gott dem Mann und der Frau zugedacht hat. Gott schuf beide, Mann und Frau, als sein Abbild, und zwar nicht nur als Einzelwesen, sondern auch in ihrem gemeinsamen Menschsein, als „Einheit der zwei". Die Frau und der Mann sind in ihrer Gleichheit im Wesen als Personen dazu berufen, am inneren Leben Gottes teilzuhaben, in einer Gemeinschaft der Liebe zu leben nach dem Vorbild Gottes, der Liebe, dreifaltige Einheit, ist. Sie sollen in der Welt jene Liebesgemeinschaft widerspiegeln, die in Gott besteht. In der „Einheit der zwei" sind Mann und Frau „dazu berufen, ‚füreinander' dazusein" (MD 7). Folglich kann sich jeder von beiden nur „durch die aufrichtige Hingabe seiner selbst"[1] vollkommen verwirklichen. Das bedeutet, daß die „trinitarische Einheit", die Gott ins Wesen des Menschen hineingelegt hat, Geschenk Gottes und zugleich Auftrag für jeden Menschen ist.

Die Sünde, die Zurückweisung der Liebe Gottes und egoistische Selbstbehauptung ist, bewirkt nicht nur den Bruch der Einheit der Menschen mit Gott, sondern auch der Einheit des eigenen Ich, der Einheit zwischen Mann und Frau, und führt zu einer gestörten Beziehung zur Welt. In einer Betrachtung, die die Entwicklung der Welt vom Beginn der Schöpfung bis in unsere Tage in den Blick nimmt, stellt der Papst die Kraft der Erlösung heraus; sie löst in der Geschichte eine neue Entwicklung aus und schenkt dem Werk Gottes seine ursprüngliche Schönheit zurück.

Nach Johannes Paul II. ist es bezeichnend, daß die erste Ankündigung des Heils im sogenannten „Protoevangelium" der „Frau" gilt (vgl. Gen 3,15). Von dort spannt der Papst den Bogen zum neuen, endgültigen Bund Gottes mit der Menschheit, in dem Gott sich nicht an Männer, sondern an eine Frau wendet: Als Gott die Menschen mit sich und untereinander versöhnen und zur Einheit zurückführen wollte, wandte er sich für dieses bedeutendste Ereignis der Geschichte an Maria; er holte ihre freie Zustimmung ein, damit in ihr sein Sohn, der Erlöser, Mensch werden konnte. Der Neue Bund „beginnt mit einer Frau, ‚der Frau', bei der Verkündigung in Nazareth. Das ist das absolut Neue des Evangeliums ..., ein deutliches Zeichen dafür, daß es in Jesus Christus ‚nicht mehr Mann und Frau gibt' (Gal 3,28). In ihm wird der wechselseitige Gegensatz zwischen Mann und Frau von Grund auf ...

überwunden. ‚Denn ihr alle seid einer in Christus Jesus' (Gal 3,28)" (MD 11).

Dieses „neue Leben" läßt sich unmißverständlich aus dem Verhalten und der Lehre Jesu ersehen. Auch gegenüber der Frau war Christus für seine Zeit revolutionär, aber in vollkommener Übereinstimmung mit dem Plan des Vaters. In der Begegnung mit Jesus finden Frauen ihre Identität, ihre Freiheit und ihren Platz in der Gesellschaft. Seine Werke und Worte zeigen eindeutig, daß die Frau in ihrer Würde dem Mann gleichgestellt ist (vgl. MD 16). Diese Gleichheit, die das Evangelium herausstellt, betrifft auch die Beziehung zwischen den Eheleuten: Sie soll kein einseitiges, sondern ein gegenseitiges Sich-Unterordnen sein, ein Ausdruck gegenseitiger Liebe (vgl. MD 24). Die Kirche als ganze, bestehend aus Männern und Frauen, ist nach der biblischen Brautsymbolik berufen, wie eine Braut auf die Liebe Gottes zu antworten (vgl. MD 25). In der Kirche tritt also die Liebe in den Vordergrund, die Heiligkeit, zu der wir alle berufen sind, das gemeinsame Priestertum, das wir alle leben müssen. „In der Hierarchie der Heiligkeit ist gerade ‚die Frau', Maria aus Nazareth, das ‚Bild' der Kirche. Sie geht allen auf dem Weg der Heiligkeit voran; in ihrer Person hat die Kirche bereits ihre Vollkommenheit erreicht" (MD 27). Aufgrund ihrer einzigartigen Beziehung zu Maria ist die Frau in besonderer Weise aufgerufen, in der Welt die Liebe widerzuspiegeln. Sie ist berufen, die innertrinitarische Liebe zu bezeugen und in der Welt weiterzugeben bis zur Vollendung am Ende der Zeit, wie man dem Hinweis des Papstes auf die „Frau, mit der Sonne bekleidet" (Offb 12,1), entnehmen kann.

Diese beiden Aspekte möchte ich unterstreichen: Die Frau ist in ihrer Würde dem Mann gleichgestellt, und sie hat eine besondere Berufung zur Liebe.

Daß die Frau in ihrer Würde dem Mann gleich ist, wurde in der Praxis weithin mißachtet. Jahrhundertelang wurde die Frau aus mancherlei Gründen diskriminiert. Auch heute ist sie immer noch der Diskriminierung ausgesetzt, obwohl sie in letzter Zeit - zumindest im fortschrittlichen Teil der Welt - versucht hat, dagegen anzugehen. Vor allem im letzten Jahrhundert begann die Frau, sich gegen die verschiedenen Zwänge, denen sie unterworfen war, zu wehren. Sie fing an, für die Anerkennung ihrer Rechte zu kämpfen, für ihre Gleichstellung mit dem Mann. In allen Bereichen, rechtlich, beruflich und kulturell, strebte sie die Gleichstellung an, bis hin zur vollen Beteiligung an der institutionellen Entscheidungsgewalt in Politik und Wirtschaft. Es war ein schwerer Weg mit Erfolgen, aber auch mit Rückschlägen. Insgesamt hat er zu wichtigen Ergebnissen geführt: In verschiedenen Teilen der Welt bezeugen heute anerkannte Frauen an verantwortungsvoller Stelle, was eine Frau ist und vermag.

Wir sind also nicht bei der Zeit einer Teresa von Avila (1515 - 1582) stehengeblieben, die man als die „heiligste unter den Frauen und die weiblichste unter den Heiligen" bezeichnet hat. Sie bat Gott um Gerechtigkeit für die Frau. Ohne ein Blatt vor den Mund zu nehmen, betete sie: „Wenn ich auf unsere heutige Zeit blicke, finde ich es überhaupt nicht gerecht, daß tugendhafte, starke Menschen mißachtet werden, nur weil sie Frauen sind ... Herr, du bist ein gerechter Richter, nicht wie die Richter dieser Welt, die als Abkömmlinge Adams und als Männer niemals ohne Mißtrauen auf die Tugend einer Frau schauen."[2] Auch die Zeit einer Therese von Lisieux (1873 - 1897) ist vorbei. Die junge Karmelitin fällte ein strenges Urteil über die damalige Situation der Frau; sie tröstete sich mit dem Gedanken, daß Jesus „im Himmel wohl gut zu beweisen vermag, daß seine Gedanken nicht Menschengedanken sind, weil dort die (Frauen), die jetzt die letzten sind, die ersten sein werden"[3]. Die Situation der Frau hat sich merklich gewandelt, und weitere Veränderungen zeichnen sich ab. Im Unterschied zur Vergangenheit wollen die Frauen heutzutage - im Bewußtsein ihrer Identität und in Solidarität nicht nur mit ihresgleichen, sondern auch mit den Männern - ihren ureigenen und unverzichtbaren Beitrag leisten, um ein Netz neuer Beziehungen zwischen Menschen und Völkern zu knüpfen, ein Netz, von dem die Zukunft der Welt abhängt.

Eine Frage bleibt: Werden die Frauen, wenn sie all diese berechtigten Ziele erreicht haben, dies als ihre volle Selbstverwirklichung empfinden? Wohl kaum. Dazu ist mehr nötig, etwas, das tiefer reicht.

Ich bin überzeugt, daß die Frau die Fülle ihres Seins nur in Jesus findet, in ihm, der ihr eine grenzenlose Liebe erwiesen und ihr die volle Würde wiedergegeben hat. Die Frau verwirklicht sich in Gott, der sie als Frau, in ihrer Weiblichkeit, in ihrem Frausein erschaffen hat. Auch sie kann mit Augustinus sagen: Herr, „unruhig ist unser Herz, bis es Ruhe findet in dir"[4]. Die Frau müßte zu einer neuen, tiefen Beziehung mit Jesus finden, sich neu auf ihn einlassen. Nur Christus kann sie zu ihrer Selbstverwirklichung führen, heute nicht anders als in der Vergangenheit. Es läßt sich nicht leugnen, daß Frauen wie Katharina von Siena, Rita von Cascia, Rosa von Lima, Klara von Assisi oder Jeanne d'Arc verwirklichte Frauen, große Persönlichkeiten waren. Jesus begegnen heißt, sich von seiner Botschaft erleuchten, durchdringen, begeistern und umwandeln lassen.

Jesus, der Sohn Gottes, der Liebe ist, kam aus Liebe auf die Erde. Er lebte aus Liebe und starb aus Liebe, er wollte alles durch die Liebe erneuern und alle Menschen die Liebe lehren. Alle zur Liebe aufzurufen ist das Herzstück seiner Lehre. Für diese Berufung ist die Frau besonders empfänglich. Die Frau ist in besonderer Weise zur Liebe berufen. Das heißt nicht, daß der Mann davon ausgeschlossen wäre. Die Geschichte liefert uns zahllose Beispiele von Männern, die groß waren in der Liebe zu Gott und zum Nächsten. Dennoch ist richtig, daß die Frau sich durch eine besondere Liebesfähigkeit auszeichnet.

Die Liebe, die Jesus uns gebracht hat, trägt bestimmte Kennzeichen. Sie zeigt sich im konkreten Tun und im Opfer. Echte Liebe beschränkt sich nicht auf Gefühle oder bloßes Mitleid. Sie bleibt nicht bei Überlegungen stehen, sondern wird konkret, wird Dienst, wendet sich bei jeder Gelegenheit ganz dem anderen zu. Jesus hat uns das vorgelebt, als er seinen Jüngern die Füße wusch (vgl. Joh 13). Heute ist man „allgemein überzeugt, daß die Frau mehr als der Mann fähig ist, auf die konkrete Person zu achten" (MD 18). Liebe bedeutet vorrangig Opfer, Dasein für andere, Selbstlosigkeit. Die Frau vermag „dem Leiden oft besser zu widerstehen ... als der Mann" (MD 19), sie besitzt eine besondere Veranlagung zur Liebe, die Hingabe ist. Diese sich verschenkende Liebe ist das größte Charisma, die größte Gabe Gottes (vgl. 1 Kor 13,13). Sie erscheint als das Gebot der Stunde, als die große Verpflichtung für die Kirche und die Gesellschaft in der Welt von heute. Davon zeugt das Zweite Vatikanische Konzil, wenn es verlangt, daß sich die Kirche im Leben der Urkirche widerspiegeln müsse, in der die Christen durch die Liebe ein Herz und eine Seele waren (vgl. Apg 4,32). Davon zeugt die Idee einer „Gesellschaft im Zeichen der Liebe".

Doch wo kann die Frau heute die Möglichkeit zu einer neuen Begegnung mit Jesus und seiner Botschaft finden?

Die Frauenfrage ist ein „Zeichen der Zeit". Schon dies ist ein Hinweis auf den Willen Gottes: Er möchte, daß wir uns dieser Frage zuwenden. Aber Gott, der Liebe ist, begnügt sich nicht mit Hinweisen. Er tut neue Wege auf, gibt Antworten, eröffnet neue Möglichkeiten, besonders in seiner Kirche. Die Kirche hat von höchster Stelle aus begonnen, in der Frauenfrage Position zu beziehen. Das leuchtendste Beispiel ist das genannte Schreiben des Papstes. In aller Deutlichkeit zeigt es sein pastorales Anliegen und seinen dringlichen Wunsch, in dieser Frage einen Beitrag zur Gerechtigkeit zu geben. Bischöfe aller Länder setzen sich dafür ein, daß der Frau zuerkannt wird, was ihr zusteht. Bei der Bischofssynode über die Laien habe ich persönlich erlebt, mit welchem Nachdruck die Teilnehmer die Rechte der Frau verteidigten. Auch Bischofskonferenzen befassen sich mit dem Thema, arbeiten Vorschläge aus, bemühen sich um konkrete Ergebnisse und deren Umsetzung. Unsere Begegnung hier und andere Tagungen zum Apostolischen Schreiben *Mulieris dignitatem* sind ebenfalls ein Zeugnis dafür.

Auch heute kann die Frau in der Kirche das Interesse erfahren, das Jesus für sie hatte. Sie kann das Echo seiner Worte vernehmen, von seiner Liebe angerührt werden; sie kann ihm begegnen, um sich selbst besser zu verstehen in dem, was sie ist und was sie sein sollte. Doch Jesus wendet sich nicht nur durch die kirchlichen Verantwortlichen den Menschen - und in unserer Zeit besonders den Frauen - zu. Er kommt uns auf vielfältige Weise entgegen, etwa in den zahlreichen Gemeinschaften mit besonderen Lebensformen, die im Laufe der Jahrhunderte in der Kirche entstanden sind und die nach dem Zweiten Vatikanischen Konzil erneuert wurden. Und wir wissen, daß Jesus in unserer Zeit - vielleicht noch mehr als in der Vergangenheit - seiner Kirche viele weitere Impulse gibt, die sie bereichern und eine Antwort sind auf die Erfordernisse der Gegenwart.

In aller Welt kann man in der Begegnung mit einzelnen und Gruppen feststellen, wie sehr Gott durch und für die Frau wirkt. Man bemerkt ein neues, unübersehbares Phänomen. Vielerorts hat man den Eindruck - auch in unserer Gesellschaft -, daß sich sozusagen ein neuer Typ von Frau abzeichnet. Man findet ihn in Bewegungen, Gruppen, Vereinigungen und neuen religiösen Gemeinschaften, die vor bzw. nach dem Konzil in verschiedenen Ländern entstanden sind. In diesen Ausdrucksformen kirchlichen Lebens ist unverkennbar der Heilige Geist am Werk. Darauf bezieht sich meine direkte Erfahrung. Diesen neuen Typ von Frau trifft man überall an: in der Familie wie am Arbeitsplatz, in Schule, Parlament, Theater, Krankenhaus, in kirchlichen Einrichtungen; es sind unverheiratete und verheiratete Frauen, Mütter und junge Mädchen.

Die Spiritualitäten dieser neuen kirchlichen Gemeinschaften enthalten zum Teil gemeinsame Elemente, für die besonders Frauen aufgeschlossen sind. Sicher sind sie für alle interessant, für Männer wie Frauen, für Menschen aller Gesellschaftsschichten und aller Berufungen, aber in besonderem Maß sind sie für Laien und ganz speziell für Frauen geeignet. Die meisten dieser Gruppen haben eine marianisch geprägte Spiritualität, die eine Anziehungskraft auf die Frau ausübt. Diese Prägung drückt sich zum Beispiel in der Hervorhebung des Wortes Gottes aus, in dem Anliegen, das Wort nicht nur zu verkündigen, sondern unverkürzt und mit Entschiedenheit zu leben. Wer so lebt, wird immer mehr Maria ähnlich, der Mutter Jesu, die das Wort in ihrem Herzen bewahrte und mehr „gelebtes" als verkündetes Wort war. Diese „marianische Prägung" drückt sich auch im Bezeugen des Glaubens aus, im Mitteilen der persönlichen Erfahrung. Maria hat dies bei ihrem Besuch bei Elisabeth getan. Vom Heiligen Geist gedrängt, hat sie im Magnifikat mit weiblicher Unmittelbarkeit ihre großartige Erfahrung mit Gott weitergegeben.

Aus solchen Spiritualitäten entstehen kleine oder größere Gemeinschaften, in denen sichtbar wird, wie die große Familie Gottes aussehen könnte. Schon in der natürlichen Familie zeigt sich die besondere Fähigkeit der Frau, Einheit zu stiften; in diesen Gemeinschaften wird sie besonders fruchtbar.

Grundlegend für diese Spiritualitäten ist das „einzig Notwendige" des Christentums: die Liebe, die „die Erfüllung des Gesetzes" (Röm 13,10) ist. In der Liebe haben viele Frauen den „verborgenen Schatz" gefunden - für sich selbst wie für jede Frau. Sie wissen, daß in der Welt bereits viel für die Anerkennung der Rechte der Frau getan wird, und setzen sich nötigenfalls selbst dafür ein. Sie tun das mit Gelassenheit, ohne zu meinen, es gäbe nichts mehr zu tun. Ihnen ist sehr wohl bewußt, daß es immer noch Kulturen gibt, in denen die Frau in einem Zustand der Sklaverei lebt. Es gilt also, sich zu engagieren. Diese Frauen setzen ihre Hoffnung aber nicht in erster Linie darauf, aktiv zu werden. Dies allein macht die Frau noch nicht glücklich, gibt ihr noch nicht die volle Selbstverwirklichung. Das Glück findet sie, wie gesagt, anderswo.

Viele dieser Frauen haben zu einer Gemeinschaft Zugang gefunden und sind dort dem lebendigen Jesus begegnet. Und wie zu Lebzeiten Jesu spüren sie, daß seine Liebe, seine Botschaft ihnen das Entscheidende, das Wichtigste vermittelt. Sie leben diese Botschaft so, wie die Kirche es heute braucht. Sie finden Kraft in der Beziehung zu Gott: in den Sakramenten, im Wort Gottes, im Gebet ... Sie besitzen einen starken Glauben an Gott, der Liebe ist, und wollen auf die Liebe antworten, indem sie ihre Schwestern und Brüder lieben. Sicher ist das kein Vorrecht der Frauen, aber sie haben eine besondere Veranlagung dafür und bringen den ganzen Reichtums ihres Frauseins ein. Wie Quellen reinen Wassers in einer von Säkularismus und Materialismus ausgetrockneten Welt stillen sie den Durst vieler Menschen, schenken Frieden und Gelassenheit, zeigen Auswege aus Problemen und Ängsten. Vielen haben sie Liebe und Licht in einer tiefen Weisheit weiterzuschenken. Denn wer liebt, hat Licht: Wer mich liebt, dem werde ich mich offenbaren, sagt Jesus (vgl. Joh 14,21). Ihre Freude steckt an; viele lernen durch sie zu lieben.

Das Herzstück des Christentums ist das Gebot, das Jesus als neues, als sein Gebot bezeichnet, jenes Gesetz, das er vom Himmel auf die Erde gebracht hat und welches das innertrinitarische Leben widerspiegelt: „Wie ich euch geliebt habe, so sollt auch ihr einander lieben" (13,34). Viele Frauen suchen ihr Leben aus dieser Liebe zu gestalten und bemühen sich um immer neue Beziehungen zwischen einzelnen und Gruppen, indem sie alles mit den anderen teilen: Leid und Freude, materiellen und geistigen Besitz. Durch ihre gegenseitige Liebe tragen sie überall in der Welt dazu bei, daß Jesus mitten unter den Menschen gegen wärtig ist, und das ist etwas außerordentlich Kostbares. Paul VI. hat gesagt, daß wir durch die gegenseitige Liebe Jesus unter den Menschen „das Leben schenken", gemäß der Zusage Jesu: „Wo zwei oder drei in meinem Namen (das heißt in seiner Liebe) versammelt sind, da bin ich mitten unter ihnen" (Mt 18,20).[5] Diese Gegenwart Jesu in einer kleineren oder größeren Gemeinschaft, die in seinem Namen versammelt ist, tritt heute besonders in den Blick.

Viele Frauen setzen sich dafür ein, daß Jesus in der Familie gegenwärtig sein kann. Im Wissen um die gleiche Würde und die gleichen Rechte von Mann und Frau - auch in der Ehe - sind sie bemüht, daß jeder in der Familie für den andern ein Geschenk ist und für ihn einsteht. Sie bemühen sich, Probleme zu lösen, Gegensätze auszugleichen, zu verzeihen, ein harmonisches Miteinander zu schaffen, in dem jeder Aufgaben und Verantwortung übernimmt. Das schenkt der Familie neuen Frieden und macht sie zugleich offen auf die ganze Menschheit hin. Frauen engagieren sich auch in der Gesellschaft: am Arbeitsplatz, in sozialen und anderen Projekten. Durch ihr Dasein geben sie den verschiedensten Initiativen für eine menschlichere Gestaltung der Strukturen neue Impulse. Sie leisten ihren Beitrag auf der Suche nach Lösungen für die großen Probleme der Menschheit. Sie setzen sich für eine gerechtere Verteilung der Ressourcen und lebensnotwendigen Güter ein und bemühen sich um weltweite Solidarität; sie zeigen Lösungsansätze auf, die sich im kleinen bewährt haben und vielleicht auch auf breiter Ebene angewandt werden können; sie sind sensibel für die ökologischen Probleme. Ihnen ist klar, daß die Geschichte der Menschheit eine langsame, mühsame Entdeckung der universalen Geschwisterlichkeit in Christus ist. Sie setzen sich dafür ein, daß sich diese auf allen Ebenen verwirklicht. Ihre Liebe gilt unterschiedslos allen Menschen, ohne Ausnahme.

Frauen, die die gegenseitige Liebe leben und so geistigerweise Christus „das Leben schenken", werden eine besondere Nähe Marias erfahren, die der Welt Jesus geschenkt hat. In allem richten sie sich nach ihr aus; denn Maria ist ja das Urbild des jungfräulichen Menschen, der Verlobten, der Braut, der Mutter und Witwe. Sie interessierte sich für die umfassenden Probleme der Menschheit, wie das Magnifikat zeigt.

Vielleicht könnte man sagen, daß Maria es als eine ihr von Gott übertragene Aufgabe ansieht, der Frau ihre Würde zurückzuschenken, so wie unsere Zeit es verlangt, und daß sie darum selbst diese Frauen nach ihrem Bild formt. Vor allem zeigt sie ihnen, was das Geheimnis echter christlicher Liebe ist: das Kreuz, das Opfer. Am Kreuz hat Jesus der Welt seine Liebe bewiesen, unter dem Kreuz wurde Maria durch ihre Teilhabe am Leiden ihres Sohnes Mutter aller Menschen. Frauen, die sich an Maria orientieren, müssen den gleichen Weg einschlagen, um wie sie Mütter vieler Menschen zu werden, und sie sind es schon. Eine solche geistige Mutterschaft ist eine der größten Gaben, die Gott einem Geschöpf geben kann; sie bringt in der Gesellschaft wie in der Kirche reiche Frucht. Wenn Jesus, auch durch ihren Beitrag, inmitten der Menschen gegenwärtig ist, hat das außerordentliche Konsequenzen. Er macht ihnen das Kreuz ihres Lebens erträglicher; er hilft ihnen, „die Welt zu besiegen" und, falls nötig, gegen den Strom zu schwimmen.

Heute wie damals gewinnt er die Menschen, beseitigt Barrieren zwischen Generationen, Rassen und Völkern, zwischen Arm und Reich. Er formt neue Menschen, ruft sie auf allen Wegen in seine Nachfolge, erfüllt die Kirche in ihren verschiedenen Bereichen mit neuem Leben.

Frauen, die in dieser Liebe leben, glauben an die Verwirklichung des Gebets Jesu: „Alle sollen eins sein ..., damit die Welt glaubt" (Joh 17,21). In dieser Gewißheit führen sie einen fruchtbaren Dialog mit Christen anderer Kirchen, mit Angehörigen anderer Religionen und mit Menschen guten Willens, die sich zu keinem Glauben bekennen.

Auch wenn die Frauen, wie der Papst sagte, „nicht zum Priestertum berufen sind" und „die Lehre der Kirche zu diesem Punkt recht klar ist, ändert das in keiner Weise die Tatsache, daß Frauen wirklich ein wesentlicher Teil sind im Plan des Evangeliums, die Frohbotschaft und das Reich Gottes zu verbreiten"[6]. Sie können diese Aufgabe vor allem deshalb erfüllen, weil sie das größte aller Charismen haben, das Charisma der Liebe. „Wenn es stimmt", sagte der Papst, „daß die Kirche hierarchisch von den Nachfolgern der Apostel und somit von Männern geleitet wird, stimmt es doch noch mehr, daß im charismatischen Sinn die Frauen sie wie die Männer leiten, ja vielleicht noch mehr".[7] Wenn die Frau ganz und erfüllt ihre Berufung lebt, mit dem Glauben, der Hochherzigkeit und der Liebe Marias, kann sie der Kirche „die marianische Dimension im Leben der Jünger Christi"[8] offenbar machen. Sie kann dazu beitragen, daß jenes marianische Profil der Kirche lebendig bleibt und sich entfaltet, von dem Johannes Paul II. des öfteren spricht und das er als „ebenso - wenn nicht noch mehr - grundlegend und charakteristisch für die Kirche" bezeichnet wie das apostolische und petrinische Profil.[9]

Das Beispiel vieler Frauen ist ermutigend und gibt Hoffnung für die Zukunft. Offensichtlich ist der Heilige Geist auch in dieser Frage am Werk, und wer weiß, welche Überraschungen er noch bereithält.

In diesem bevorstehenden dritten Jahrtausend möge Maria den Frauen helfen, konkret und großzügig auf die Aufmerksamkeit der Liebe zu antworten, die *Mulieris dignitatem*, das Apostolische Schreiben des Papstes, darstellt. Die heilige Rita von Cascia[10], die heroisch dem Mörder ihres Mannes verzieh, möge die Frauen durch ihr Beispiel entschiedener Liebe daran erinnern, worin vor allem ihre Berufung liegt: in der

Fähigkeit, zu lieben und zu leiden. Beides ist Quelle unerschöpflicher Freude. Beides ist Bedingung für einen Beitrag zu Einheit und Frieden.

---

1 Vgl. Zweites Vatikanisches Konzil, Pastorale Konstitution über die Kirche in der Welt von heute „Gaudium et spes", n. 24.

2 Weg der Vollkommenheit, IV, 1.

3 Selbstbiographische Schriften (Manuskript A, 184).

4 Bekenntnisse 1,1.

5 An die Pfarrei S. Maria Consolatrice (Rom, 1. 3. 1964).

6 Ansprache an die Bischöfe der USA (Los Angeles, 16. 9. 1987).

7 An die Jugendlichen (Paris, 1. 6. 1980).

8 Redemptoris Mater (25. 3. 1987), n. 45.

9 Ansprache an die Kardinäle und Mitarbeiter der Römischen Kurie (22. 12. 1987).

10 Rita von Cascia (gest. 1447), eine schon zu Lebzeiten hochgeschätzte Frau, stammte aus Roccaporena/Cascia, dem Tagungsort (Anmerkung d. Übers.).

Anhang

Annamaria und Danilo Zanzucchi
DIE FOKOLAR-BEWEGUNG UND DIE FAMILIEN

Von Anfang an gehörten zu der Gruppe, die sich um die ersten Fokolarinnen und Fokolare bildete, auch Verheiratete. Unter den fünfhundert Menschen, die in Trient bald zu der entstehenden Bewegung zählten, waren Jugendliche, Erwachsene, Ordensleute, Mütter und Väter: ein Abbild der Gesellschaft insgesamt. Chiara sprach unterschiedslos zu allen von ihrem Ideal: von Gott, der die Liebe ist, vom Willen Gottes, vom Leben nach dem Evangelium. Alles hatte begonnen mit der Entdeckung, daß Gott Liebe ist, und mit dem Bemühen, seinen Willen zu tun, gleich, an welchem Platz, ob als Verheirateter oder Unverheirateter. Jeder konnte sich dieses Ideal zu eigen machen, jeder konnte Gott lieben und andere zu dieser Liebe führen; die Botschaft war universal. Wer verheiratet war, richtete sein besonderes Augenmerk auf die Beziehungen in der Familie; viele Familien fanden wieder zueinander, andere begannen ein neues Leben. In einem ihrer zahlreichen Briefe aus jenen Jahren schreibt Chiara einer jungen Frau, die damals verlobt war, diese bezeichnenden Worte: „Hör auf mich: Dein Herz sei auf Erden ungeteilt! Teile Deine Liebe nicht! Die Liebe ist eine einzige: die Liebe zu Gott ... Er wohnt im Herzen aller Menschen. Aber Du mußt ihn, weil das sein Wille ist, vor allem in *einem* Menschen sehen: in M... [dem Verlobten]."[1] Die Verheirateten wurden in der ersten Gemeinschaft aufgenommen wie alle anderen; man behandelte sie, wie es dem Evangelium entspricht, und erachtete sie als fähig, seine Botschaft zu leben und in die Welt zu tragen. Manche unter ihnen fanden hier eine wertvolle Bereicherung ihrer bisherigen Erfahrung als Christ, andere fühlten sich so stark angezogen, daß sie soweit wie möglich das Leben der Fokolare teilen wollten, die in Gemeinschaft lebten.

Igino Giordani

1948 begegnete Chiara Lubich Igino Giordani (1894 - 1980), einem bekannten Politiker, Schriftsteller und Journalisten. Giordani, verheiratet und Vater von vier Kindern, schreibt im nachhinein über diese Beegnung: „Schon nach ihren ersten Worten fiel mir auf, daß sie aus einer tiefen und festen Überzeugung sprach ... Ich war ergriffen von einer wunderbaren Atmosphäre ... Sie rückte die Heiligkeit in die Reichweite aller Menschen. Sie schaffte die Barrieren beiseite, die die Welt der Laien vom mystischen Leben trennen. Sie sprach über die Schätze einer ‚inneren Burg', zu der bisher nur wenige Zugang gehabt hatten. Sie brachte Gott nahe: als Vater, Bruder und Freund, der in der Menschheit lebt."[2] Chiara erinnert sich an diesen Moment so: „Das Gespräch verlief in großer Einfachheit. Ich habe nicht gemerkt, welchen Eindruck es auf Igino Giordani gemacht hat. Von dem, was ihn innerlich bewegte, verstand ich ein wenig mehr, als er mir später einen Brief nach Trient schrieb. Er sprach vom Testament Jesu. Seine Worte erschienen mir so klar und tief, daß ich mir dachte: Diesen Menschen hat Gott auf unseren Weg geführt ... Er war ein überzeugender Christ. Und er hatte eine besondere Berufung: ein Mitbegründer dieses neuen Werks der Kirche zu sein. Dazu hat er in den letzten 32 Jahren seines Lebens einen unersetzlichen Beitrag geleistet. Giordani hatte schon viele Jahre intensiv nach einem Weg gesucht, um sich auch als Verheirateter ganz Gott zu weihen. 1948 schloß er sich der Fokolar-Bewegung an, die gerade fünf Jahre bestand. Er war es, der in der Folgezeit das Fokolar, zu dem bis dahin nur jungfräuliche Menschen gehörten, auch für Verheiratete öffnete, für Eheleute, die dasselbe Verlangen nach Heiligkeit und einem gottgeweihten Leben verspürten wie er. So verwirklichte sich das, was sich vorher vage abgezeichnet hatte: ein Zusammenleben nach dem Bild der Familie von Nazareth mit jungfräulichen und - entsprechend ihrem Stand - mit verheirateten Menschen."[3]

Die „Verheirateten Fokolare"

Giordani, „Foco" (Feuer), wie er bald in der Bewegung genannt wurde, wurde der erste „Verheiratete Fokolar". Er schreibt: „Mir fiel es zu, im Kontakt mit den ersten Fokolaren als erster von dieser Berufung ergriffen zu werden. Und diejenige, die die Bewegung leitete und beseelte, folgte nicht schriftlichen Normen, sondern gehorchte der Inspiration und baute auf der täglichen Erfahrung ein neues Werk auf, dessen Ausmaße und Ziele nicht einmal sie selbst kannte; als sie nun einen Verheirateten im Kreis der Fokolare sah, ließ sie ihn zum Leben nach ihrem eigenen Statut zu, soweit sein Stand als Ehemann und Familienvater und seine Berufstätigkeit ihm dies erlaubten."[4] - Als Giordani die Bewegung kennenlernte, war er 54 Jahre alt. Er stand auf der Höhe seines Schaffens, verfügte über eine reiche Bildung und Erfahrung auf vielen Gebieten und hatte eine sehr schöne Familie: vier Kinder und eine Frau, die er eine „entzückende" Gattin und Mutter nannte. Und doch fand er in der Begegnung mit der Bewegung etwas Neues, eine Gabe Gottes, die er voll zu würdigen wußte. Er verstand intuitiv, daß sie für jedermann geschaffen war, und schaffte für diese Wirklichkeit in sich Raum. Er entschied sich, sein ganzes Leben diesem Weg zu folgen.

Foco blieb nicht der einzige, der dieser Berufung folgte; andere Eheleute waren von der Entschiedenheit dieses Weges fasziniert und folgten ihm. Sie verpflichteten sich zu einem Leben ganz in der Liebe, einer Liebe zu Gott, die unmittelbar zur Liebe zum Nächsten wird. „Die Verheirateten Fokolare", so zeichnet Foco in seiner unvergleichlichen Art ihr Bild, „konnten bei den Fokolaren schöpfen ... und jene Fermente der Vollkommenheit in die Welt bringen, die sie am meisten braucht ... Sie tragen das Feuer der Liebe von einem Pol zum anderen und bauen neu die Brücke zur Welt, auf die die Kirche heute mit Vertrauen schaut."[5]

Die „Familienfokolare"

Unter den Verheirateten Fokolaren waren auch viele Ehepaare; beide Partner hatten, meist in verschiedenen Momenten, dies als ihre Berufung verstanden. Ohne großes Aufsehen entstanden so die „Familienfokolare", wie Chiara sie später nannte. Diese Eheleute sind jeweils einem Frauen- beziehungsweise Männerfokolar angeschlossen, dem sie voll angehören. Sie sind - soweit es möglich ist, da sie selbstverständlich in ihrer Familie bleiben - zum Zusammenleben mit den Ehelosen und zu einer persönlichen Weihe an Gott berufen. Dies ist etwas Neues in der Kirche, eine Frucht jenes Charismas, das Chiara Lubich zuteil wurde.

Zugleich entdecken sie eine neue Weise, wie sie als Ehepaar und in der Familie leben können: Grundlegend ist für sie das Bemühen um das Wohl des anderen, wissen sie doch, daß eine Liebe, die jeden bereit sein läßt, das Leben für den anderen zu geben, gemäß der Verheißung des Evangeliums (Mt 18,20) eine besondere Gegenwart Jesu ermöglicht: unter den Partnern, zwischen ihnen und den Kindern, unter allen im Haus. Diese Familien bergen ein Geheimnis: Sie gehören ganz Gott. Eine besondere Schönheit zeichnet sie aus. Die Einheit der Eltern ist klarer Bezugspunkt für die Kinder; solche Familien sind offen für ihre Umgebung und die Gesellschaft; sie strahlen Freude aus, auch wenn es nicht an Prüfungen fehlt; ihr Merkmal ist die Fülle des Lebens, und dies zieht andere Familien an.

„Neue Familien"

Im Juli 1967 gab Chiara Lubich den Impuls zur Gründung einer Bewegung für Familien, die sie den Verheirateten Fokolaren anvertraute. Der Zweig der „Neuen Familien", der innerhalb der Fokolar-Bewegung entstehen sollte, hat nach Chiaras Worten zum Ziel, „das große Sakrament der Ehe in der Welt aufzuwerten und zur höchsten Entfaltung zu bringen".[6] Dies kann nur geschehen, wenn man diese Erfahrung zunächst in der eigenen Familie macht, die freilich keine Privatsache ist, sondern - wenn man so will - ein Experimentierfeld darstellt: „Es ist notwendig", sagte Chiara, „daß ihr in euren Familien gut lebt und das Leben eurer Familie zu einer Erfahrung wird, die ihr anderen weitergeben könnt".[7] Die Spiritualität des Fokolars, die ganz ausgerichtet ist auf die Einheit, die gegenseitige Liebe, die Liebe zum Gekreuzigten, soll das Leben dieser Familien prägen. Sie ist wie geschaffen für das Leben in der Ehe, die aus zweien „ein Fleisch" macht (vgl. Gen 2,24); sie hilft, auf der Grundlage der gegenseitigen Liebe zwischen Mann und Frau diese Berufung in ihrer ganzen Tiefe zu realisieren. „Wenn das Charisma des Ideals der Einheit in die Ehe, die eine heilige Einrichtung ist, eingepflanzt wird, bringt es - so glaube ich - ein Meisterwerk hervor, dessen Größe man schwerlich erfassen wird",[8] äußerte Chiara bei anderer Gelegenheit.

Seit den Anfängen der Fokolar-Bewegung haben die, die dieses Leben teilten, eine Grundentscheidung getroffen: Sie wollen Jesus folgen in seinem größten Schmerz, ihm, der am Kreuz schreit: „Mein Gott, mein Gott, warum hast du mich verlassen?" (Mk 15,34). Sie haben gelernt, in jeder Art von Schmerz - im persönlichen wie in dem anderer - ihn oder einen Aspekt seiner Verlassenheit zu sehen. Chiara rief dies in Erinnerung, als sie den Anstoß zur Entstehung der Neuen Familien gab. Sie wollte die Verheirateten Fokolare darauf hinweisen, daß sie sich von jeder Situation angezogen fühlen müssen, in der ihnen das Antlitz des gekreuzigten und verlassenen Jesus am deutlichsten vor Augen steht. So legte sie ihnen besonders die zerbrochenen Familien, die Geschiedenen, Alleinstehenden, die Waisen und verlassenen Kinder, die

Witwen, Einsamen und Ausgestoßenen ans Herz. Am Schluß ihrer Ansprache, die einer Gründungsrede gleichkam, sagte sie: „Hier, vor euch ... habe ich den Eindruck, Jesus zu sehen, Jesus, der auf die Welt, auf die Menge schaut und sich ihrer erbarmt. Denn von der großen Zahl derer, die heiraten, habe ich euch gerade den Teil anvertraut, der zerstört daniederliegt, der am meisten dem Verlassenen gleicht ... Doch es ist Jesus selbst, der durch uns auf die Menge schauen und handeln will ..., damit das Mitleid nicht in Gefühlen steckenbleibt, sondern sich in Werke umsetzt, in Werke, die uns in den Himmel folgen.“[9]

In aller Welt zu Hause

Im Jahre 1981 fand die erste Großveranstaltung der Neuen Familien im Palaeur in Rom statt, das erste „Familyfest“. Hatte Chiara 1967 vor etwa hundert Verheirateten Fokolaren gesprochen, so steht sie keine vierzehn Jahre später vor 25.000 Menschen aus fast allen europäischen Ländern und einigen Vertretern aus den anderen Kontinenten. Die Neuen Familien sind inzwischen zu einer großen offenen Bewegung geworden.[10] Chiaras Ausführungen („Familie und Liebe“, s.o. S. 23) sind wegweisend für die Neuen Familien und die geistliche Formung all derer, die sich ihnen anschließen möchten.

Eine interessante Entwicklung der darauffolgenden Jahre ist der Umzug etlicher Fokolarfamilien in andere Städte, Länder oder Kontinente. Falls die familiäre Situation es zuläßt, wählen einzelne Familien einen neuen Wohnsitz. Denn für die Berufung des Fokolars, auch des Verheirateten, ist es kennzeichnend, daß sein Zuhause die ganze Welt ist; die grundsätzliche Bereitschaft zu einem Ortswechsel gehört wesentlich dazu, sie ist ein Merkmal der „Familienfokolare“. Bislang haben rund 250 Familien den Weg gefunden, dorthin zu ziehen, wo es aufgrund der Entwicklung und Erfordernisse der Bewegung sinnvoll erschien. Ein Familienfokolar ist besonders dort hilfreich, wo es keine Möglichkeit gibt, ein Fokolar zu eröffnen, wie auch in Regionen, wo das gesellschaftliche Umfeld das Zeugnis einer christlichen *Familie* verlangt. In manchen Situationen und Ländern ist es nur durch das Leben einer Familie möglich, das Leben und die Botschaft Jesu zu bringen. Bevor man von Gott, von der Liebe spricht, muß man Zeugnis geben, die Liebe entzünden - über alle ideologischen, konfessionellen und kulturellen Schranken hinweg. Es geht um eine Liebe, die die Werte aller Kulturen aufzunehmen und zu erhellen weiß. Das Leben in dem neuen Umfeld ist für diese Familien oft mit vielen Unannehmlichkeiten verbunden, sei es, weil die Bevölkerung vor Ort unter schwierigsten sozialen Verhältnissen leidet, sei es, weil in wohlhabenden Staaten der technische Fortschritt jeden Durst nach Gott ausgelöscht zu haben scheint. Sie entdekken, daß das einzige, was das Abenteuer des Ortswechsels rechtfertigt und ihm Wert gibt, eine immer tiefere Einheit in der Familie ist, die Präsenz Jesu in ihrer Mitte. Seine Gegenwart, die er denen verheißen hat, die einander lieben, leitet sie und läßt sie verstehen, was zu tun ist, welche Haltung sie einnehmen und woran sie festhalten sollen. Und sie bringt ungeahnte Frucht hervor.

Viele der Familien, die in diesen Jahren vom Leben der Bewegung angezogen und selbst tätig geworden sind, werden ihrerseits zu einem natürlichen Kristallisationspunkt für zahlreiche weitere Familien.

Initiativen

Die Inhalte des ersten Familyfests (1981) waren Gegenstand vieler Veranstaltungen der Neuen Familien in aller Welt. Seither gab es eine Vielzahl von Begegnungen, Zusammenkünften und Schulungen im geistlichen Leben wie auch zu familienspezifischen Fragen (z.B. Kurse zur Natürlichen Familienplanung; Ehevorbereitungskurse für verlobte und befreundete Paare). Seit längerem schon werden Adoptionen vermittelt und Pflegschaften übernommen. Zudem veranstalten die Neuen Familien Freizeiten, gemeinsame Feste und Ferien, zu denen Familien und Alleinerziehende - Geschiedene, getrennt Lebende, Verwitwete - mit ihren Kindern eingeladen sind. Man schätzt die Gelegenheiten, die Atmosphäre einer „großen Familie“ erleben zu können. In den Neuen Familien sind neben Christen verschiedener Konfessionen auch Angehörige anderer Religionen, beispielsweise Buddhisten und Muslime, engagiert; Menschen, die nicht glauben, beteiligen sich ebenfalls an den humanitären und gesellschaftlichen Initiativen der Bewegung.

Die Familien praktizieren untereinander eine freiwillige Gütergemeinschaft, um die zu unterstützen, die darauf angewiesen sind. Sie beschränken sich nicht darauf, Geld, Kleidung oder sonstiges zusammenzulegen; auch Zeit und Arbeit werden zur Verfügung gestellt. In vielfältiger Weise wird Solidarität in den Ländern und für die Länder praktiziert, in denen die politische und ökonomische Lage die Menschen vor schwerwiegende Probleme stellt. Der Beweggrund für diese Aktionen ist der Wunsch, andere zu lieben wie sich selbst. Ihre Wirkung erschöpft sich nicht in meßbaren Ergebnissen: Manchmal finden sie ein Echo, das den Rahmen ihres Engagements bei weitem übersteigt, und nehmen in dieser Weise Einfluß auf den Prozeß der Meinungsbildung.

Schulungen und Kongresse

1982 wurde der Wunsch, Familien aus verschiedenen Ländern für einen längeren Zeitraum eine gemeinsame Erfahrung im Leben der Spiritualität der Fokolar-Bewegung zu ermöglichen, Wirklichkeit: In der Modellsiedlung Loppiano[11] bei Florenz entstand eine ständige internationale „Schule für Familien", die heute die Möglichkeit bietet, etwa zehn Familien gleichzeitig aufzunehmen. Die Dauer des Aufenthalts ist unterschiedlich, sie reicht von einer Woche bis zu einem Jahr. Diese ungewöhnliche Initiative zieht viele Menschen an. Es entsteht eine enge Gemeinschaft unter Familien verschiedenster Herkunft, die sich vom Charisma der Einheit prägen lassen wollen und einen tieferen Zugang zu diesem Leben suchen. Wenn sie in ihre Heimat zurückkehren, werden sie ihrerseits Bezugspunkte für andere Familien, Zeugen einer neuen Kultur, die aus dem gelebten Evangelium erwächst, wie sie es in Loppiano erfahren haben. Denn das Gesetz, das die Beziehungen unter den Bewohnern dort bestimmt und auch in der „Familienschule" zum Tragen kommt, ist die gegenseitige Liebe. Inzwischen gibt es auch in anderen Modellsiedlungen der Fokolar-Bewegung Ansätze einer „Schule für Familien".

In den Jahren 1987 und 1989 veranstalteten die Neuen Familien zwei internationale Kongresse zum Thema Erziehung[12] bzw. zur Frage nach der Beziehung der Familie zum Absoluten, zu Gott. Die Reden, die Chiara zu diesen Anlässen hielt und die für das Leben in der Familie wertvolle Impulse geben können, wurden in die vorliegende Sammlung aufgenommen: „Nur einer ist euer Meister" sowie „Die Familie und das Gebet". Auf nationalen und regionalen Veranstaltungen der Neuen Familien wurden diese Anstöße aufgegriffen und vertieft.

Ausblick

Heute zählen die Neuen Familien etwa 200.000 aktive Mitglieder, sie sind in fast allen Nationen vertreten. Dazu kommen jene, die in losem Kontakt stehen und aus dieser Familienbewegung Anregungen für ihr Leben beziehen - eine Gruppe, die zahlenmäßig nicht zu fassen ist. Die

Botschaft der Neuen Familien ist ganz einfach und rührt doch unmittelbar an die Wurzel des familiären Lebens in all seinen Aspekten: die Liebe. Eine Liebe, die aus Gott schöpft und darum nie versiegen darf; eine Liebe, die offen ist für die Welt; eine Liebe, die die Familie ihrer eigentlichen Gestalt, ihrer ursprünglichen Bestimmung als Modell jeder Form menschlichen Zusammenlebens zuführen kann. Gemeinsam können die Familien „die große Familie der Kinder Gottes" aufbauen, „eine Familie, in der alle miteinander verbunden sind durch die Liebe, die Jesus auf die Erde gebracht hat - als Zeichen dafür, wie die Menschheitsfamilie als ganze sein sollte".[13] Die Familien in der Fokolar-Bewegung sehen es als ihre Aufgabe und Bestimmung an, Quelle der Einheit zu sein - in ihrer jeweiligen Familie und für die Menschheit. Die Neuen Familien sind eine Familienbewegung, gewiß, aber lediglich als Ausgangspunkt für ein größeres Anliegen: die ganze Menschheit zu einer großen Familie werden zu lassen.

---

1 Veröffentlicht in: E' uno solo l'amore, hrsg. von N. Pozzi, (Città Nuova) Rom 1992, S. 17f.

2 Igino Giordani, Erinnerungen. Ein Schriftsteller und Politiker erzählt, (Verlag Neue Stadt) München - Zürich - Wien, 1991, S. 101.

3 Ebd. S. 59f.

4 Vgl. Il Movimento dei Focolari, Città Nuova, Rom, 1965, S. 94.

5 Ebd S. 94-97.

6 Rede vom 19. 7. 1967 (Rocca di Papa, unveröffentlicht).

7 Ebd.

8 Rede vom 9. 11. 1974 (Rocca di Papa, unveröffentlicht).

9 Rede vom 19. 7. 1967 (Rocca di Papa, unveröffentlicht).

10 Vgl. die Dokumentation „La famiglia e l'amore" (Città Nuova) Rom 1982.

11 In Loppiano (Incisa/Florenz) entstand 1964 die erste internationale Modellsiedlung der Fokolar-Bewegung, heute mit 700 Einwohnern aus allen Kontinenten. Loppiano ist Schulungszentrum für Fokolare, Familien, Jugendliche, Priester und Ordensleute der Bewegung. Die Siedlung, deren Bewohner ihren Unterhalt durch Arbeiten in einer landwirtschaftlichen Genossenschaft und mehreren Werkstätten bestreiten, zählt jedes Jahr 30.000 Besucher. Weitere Siedlungen gibt es in Afrika, Argentinien, Mexiko, in den USA, auf den Philippinen, in Brasilien, Spanien, in Montet/Schweiz und in Friedberg-Ottmaring bei Augsburg.

12 Vgl. die Dokumentation des Kongresses „Familie und Erziehung", (Verlag Neue Stadt), 1987.

13 Chiara Lubich, Die Familie und das Gebet, s.o. S. 56.

INHALT

Vorwort ... 5

„Wir haben uns selbst nie ein Programm gesetzt"
Chiara Lubich im Gespräch mit Margaret Coen ... 7

Zur Einführung
Klaus Hemmerle: Ein lebendiges Modell vor Augen ... 19

Familie und Liebe
Vortrag vor dem ersten Kongreß der Bewegung Neue Familien („Familyfest", Palaeur/Rom, 3. Mai 1981) ... 23

Jedes Leben braucht Liebe
Rede anläßlich einer Veranstaltung der „Bewegung für das Leben" (Florenz, 17. Mai 1986) ... 29

„Nur einer ist euer Meister"
Eröffnungsansprache auf dem Kongreß „Familie und Erziehung" vor Mitgliedern und Freunden der Fokolar-Bewegung (Castelgandolfo/Rom, 2. Mai 1987) ... 39

Die Familie und das Gebet
Eröffnungsansprache auf einem Kongreß der Bewegung Neue Familien (Castelgandolfo/Rom, 6. April 1989) ... 47

Die Frau - ihr Beitrag zu Einheit und Frieden
Rede anläßlich einer nationalen Tagung über das Apostolische Schreiben „Mulieris dignitatem" über Würde und Berufung der Frau (Roccaporena, 1. Juni 1989) ... 57

Anhang
Annamaria und Danilo Zanzucchi:
Die Fokolar-Bewegung und die Familien ... 67

Werke von Chiara Lubich in deutscher Sprache

DIE WELT WIRD EINS
Franca Zambonini im Gespräch mit der Gründerin der Fokolar-Bewegung; 164 Seiten; 2. Aufl. 1992

BIS WIR ALLE EINS SEIN WERDEN
Meditationen; 136 Seiten; 14. Aufl. 1990

EINHEIT ALS LEBENSSTIL
Aus der Geschichte und Spiritualität der Fokolar-Bewegung
88 Seiten; 3. Aufl. 1989

DAS GEHEIMNIS DER GRÖSSTEN LIEBE
Im Kreuz zu Christus finden; 48 Seiten; 3. Aufl. 1991

IM DIENST AN ALLEN
Die Gegenwart Jesu in den Verantwortlichen der Kirche
128 Seiten; 1978

IM MENSCHEN CHRISTUS ERKENNEN
Die Gegenwart Christi im Nächsten; 112 Seiten; 2. Aufl. 1980

IN BROT UND WEIN
Die Eucharistie - Sakrament der Gemeinschaft; 88 S.; 5. Aufl. 1989

JESUS DER VERLASSENE UND DIE EINHEIT
Die Grundzüge der Fokolar-Spiritualität; 112 Seiten; 2. Aufl. 1992

LEBEN AUS DEM WORT
In der Heiligen Schrift Gott begegnen; 72 Seiten; 4. Aufl. 1989

LIEBE ALS IDEAL
Wesen und Kennzeichen christlicher Liebe; 80 Seiten; 5. Aufl. 1980

MARIA, DIE ERSTE CHRISTIN
Orientierung an einem Vorbild; 48 Seiten; 7. Aufl. 1990

MITTEN UNTER IHNEN
Der auferstandene Christus in der Gemeinschaft; 72 S.; 4. Aufl.1989

VERLIEREN KÖNNEN
Meditationen; 132 Seiten; 8. Aufl. 1990

DER WILLE GOTTES
Über das Ja des Menschen zu seinem Schöpfer; 96 S.; 2. Aufl. 1986

WORAUF KOMMT ES AN?
Meditationen; 124 Seiten; 10. Aufl. 1990

WORT DES LEBENS
Wie man das Evangelium leben kann; 48 Seiten; 5. Aufl. 1992

Igino Giordani
ERINNERUNGEN
Ein Schriftsteller und Politiker erzählt

120 Seiten, kartoniert
ISBN 3-87996-237-5

Autobiographische Aufzeichnungen. Von seinem Vater lernt Giordani (1894 -1980) das Handwerk des Maurers, wird durch seine Erfahrung im Ersten Weltkrieg zu einem Vorkämpfer für den Frieden. Vater von vier Kindern, kämpferischer Journalist, anerkannter Schriftsteller (Autor von über 100 Werken, von denen viele übersetzt wurden), engagierter Politiker (zunächst an der Seite von Don Sturzo, dann von De Gaspari), Laie im Dienst an der Kirche, Mitbegründer der Fokolar-Bewegung, doch vor allem und in allem ein Mensch auf der Suche nach einer Gesellschaft im Zeichen der Liebe.

Igino Giordani
„ICH HABE DIE FREIHEIT GEFUNDEN“
Geistliches Tagebuch

152 Seiten, kartoniert
ISBN 3-87996-238-3

Tagebuchaufzeichnungen aus den Jahren 1941 bis 1968. Sein Leben und seine Persönlichkeit waren bestimmt von der Frage: Wie kann ich als Familienvater, als Politiker, als Laie in dieser Welt das Christsein ohne Abstriche verwirklichen?

VERLAG NEUE STADT MÜNCHEN · ZÜRICH · WIEN